Frank Littek

Das große
Arena-Fußballbuch

Frank Littek, geboren 1962, arbeitet als freier Journalist und Autor. Er lebt mit seiner Familie in Norddeutschland. Seit vielen Jahren schreibt er auch Kinder- und Jugendsachbücher zu den unterschiedlichsten Themen. Die Liebe zum Fußball begleitet ihn schon sein ganzes Leben: Er kickt seit seiner Kindheit selbst und trainiert eine Juniorenmannschaft. Seine beiden Kinder sind ebenfalls begeisterte Fußballer. Im Arena Verlag ist von ihm außerdem *So entsteht ein Buch* erschienen.

Klaus Puth, geboren 1952 in Frankfurt am Main, arbeitete nach seinem Studium an der Hochschule für Gestaltung in Offenbach zunächst in einem Verlag für Grußkarten. Seit 1989 ist er freiberuflich als Illustrator für verschiedene Verlage tätig und hat mehrere Preise erhalten.
www.klausputh.de

Frank Littek

Das große
Arena-Fußballbuch

Arena

Für Lynn und Leif

FSC

Mix

Produktgruppe aus vorbildlich
bewirtschafteten Wäldern,
kontrollierten Herkünften und
Recyclingholz oder -fasern

Zert.-Nr. SGS-COC-003210
www.fsc.org
© 1996 Forest Stewardship Council

1. Auflage 2010
© Arena Verlag GmbH, Würzburg
Alle Rechte vorbehalten
Illustrationen: Klaus Puth
Gestaltung und Satz: Punkt und Komma, Claudia Böhme, Würzburg
Gesamtherstellung: Westermann Druck Zwickau GmbH
ISBN 978-3-401-06411-6

www.arena-verlag.de

Inhaltsverzeichnis

Waren ein gutes Team bei der Entstehung des Buches (von links): Hannes Kröger, Lukas Allekotte, Melvin Meyer, Joost Schaefer, Timm Holsten und Alexandra Gutke.

Kräftig mitgeholfen haben auch (von links) Lynn Höltge, Anja Mittag und Leif Höltge. Der Autor dankt auch den Firmen Jako und Nike für ihre Unterstützung.

Liebe Fußballfreunde,

Dieses Buch beinhaltet alles, was das jugendliche Fußballerherz höherschlagen lässt. Von der Ausrüstung über die Regeln, von der Balltechnik bis zur Spieltaktik, von Stars und Fans, den Wettbewerben, dem Stadion und den Schiedsrichtern bis hin zum Vereinsmanagement: Alle Aspekte rund um den Fußball sind leicht verständlich dargestellt und mit zahlreichen Fotos illustriert.

Den Kindern und Jugendlichen, die heute in den Junioren-Spielklassen kicken, gehört die Zukunft des Fußballs. Daher ist es sehr wichtig, dass wir uns mit ihnen beschäftigen und die besten Möglichkeiten für sie schaffen, damit sie sich weiterentwickeln. Dieses Buch leistet einen Beitrag dazu. Ich wünsche allen Kindern viel Spaß beim Lesen, beim Üben auf dem Fußballplatz und natürlich bei allen Spielen.

Euer Arne Friedrich

Fußball ist viel mehr als nur ein Spiel: Für richtige Fans ist Fußball wirklich wichtig. Sie fiebern mit ihrer Mannschaft mit, freuen sich über jeden Sieg und sind traurig, wenn sie verliert. Fußball ist aber auch mit Abstand die Nummer eins im Kinder- und Jugendsport in Deutschland. Tag für Tag kann man erleben, wie die Kids mitfiebern, sobald der Ball im Spiel ist. Das ist bei uns in Berlin genauso wie in allen anderen Städten und Gemeinden auf dem Land.

Ball, Platz, Tore:
Ausrüstung und Spielfeld

Zum Fußballspielen braucht man nicht viel: einen Ball, etwas Platz, zwei Tore und einige Freunde. Zur Not kannst du sogar mit einem leeren Joghurtbecher auf einer kleinen Terrasse kicken. Ganz so einfach ist das im Vereinsfußball nicht. Hier gibt es Regeln, die vom Weltfußballverband (FIFA) festgelegt werden. Sie gelten weltweit – und bestimmen zum Beispiel, wie groß das Spielfeld sein muss und welche Ausrüstung für Fußballspieler vorgeschrieben ist.

Das Spielfeld

Das Spielfeld kann eine Länge zwischen 90 und 120 m haben. Die Breite muss zwischen 45 und 90 m liegen. Meist ist ein Spielfeld 105 m lang und 68 m breit. An den längeren Seiten begrenzen die Seitenlinien das Spielfeld. Die Linien an den kürzeren Seiten nennt man Torauslinien. Eine Mittellinie teilt das Spielfeld in zwei gleiche Hälften. In der Mitte des Fußballplatzes ist der Mittelkreis mit dem Anstoßpunkt. Vor den beiden Toren befindet sich der Torraum. In ihm ist der Torwart besonders geschützt. Davor erstreckt sich der Strafraum, auch Sechzehnmeterraum genannt. Im Straf-

raum darf der Torhüter den Ball mit der Hand spielen. Wird hier ein Angreifer gefoult, entscheidet der Schiedsrichter auf Elfmeter, der vom Elfmeterpunkt ausgeführt wird.

Seitenlinie

Ansto

Elfmete

45 – 90 m

Te

Eckfahne

7,32 m

Tor

2,44 m

Torlinie

Torraum

Strafraumkreis Strafraum Strafraumlinie

Mittellinie

...nkt

Mittelkreis
(Durchmesser
9,15 m)

...nkt

90–120 m

5,50 m

16,50 m

...uslinie

Trikot und Schuhe

Wenn du für einen Fußballverein spielst, bekommst du für die Spiele Trikot, Hose und Stutzen vom Verein gestellt. Zusätzlich benötigst du noch Fußballschuhe und Schienbeinschützer. Diese solltest du auch beim Training tragen. Sie können Verletzungen der Beine verhindern. Gute Fußballschuhe sind besonders wichtig. Sie müssen bequem sitzen und sollten dir gleichzeitig einen festen Halt auf dem Boden geben. Dazu haben die Schuhe eine spezielle Sohle mit Stollen, die für Rasenplätze geeignet sind. Es gibt

auch Schuhe mit Stollen für besonders tiefen und nassen Boden oder solche, die für sehr harte Böden gemacht wurden. Für die Halle benötigst du dagegen Schuhe ohne Stollen mit heller Sohle.

Torwarttrikot

Der Torwart ist anders angezogen als die übrigen Spieler seiner Mannschaft. Sein Trikot hat eine andere Farbe – damit der Schiedsrichter ihn leicht von den Feldspielern unterscheiden kann. Ein richtiges Torwarttrikot hat Polster an den Ellbogen, die

Kaum zu glauben

Autos sind gefährliche Gegenstände – nicht nur weil sie zahlreiche Verkehrsunfälle verursachen. Der Fußballer Charles Akonnor fiel vier Wochen für seine Mannschaft aus. Er hatte sich die Antenne seines Wagens in ein Nasenloch gerammt.

1 Ohne Schienbeinschützer solltest du kein Spiel bestreiten.
2 Fußballschuhe gibt es in den verschiedensten Ausführungen. Wichtig ist vor allem, dass sie dir gut passen.
3 So ausgestattet kann das Spiel beginnen.
4 So ist ein Torwart richtig angezogen.
5 Hütchen und Kegel sind wichtige Hilfsmittel beim Training.

vor Verletzungen schützen. Zur Ausstattung eines Keepers gehören außerdem Torwarthandschuhe. Damit kann er den Ball besonders gut festhalten und fangen.

Lachen erlaubt

Auch im Himmel ist Fußball gelegentlich ein wichtiges Thema. Kürzlich besuchte der Teufel Petrus wegen eines Fußballspiels „Himmel gegen Hölle". Petrus zum Teufel: „Das macht keinen Sinn. Alle guten Fußballer kommen in den Himmel. Ihr habt keine Chance." Grinst der Teufel: „Das glaubst du. Wir haben die Schiedsrichter."

4

FUSSBÄLLE ALLER ART

Fußball ist nicht gleich Fußball. Es gibt Bälle in den verschiedensten Größen und Gewichten. Fußbälle, die in der Bundesliga zum Einsatz kommen, haben ein Gewicht von 410 bis 450 Gramm und einen Umfang von 68 bis 70 cm. Ein solcher Ball besitzt die Größe 5. Im Kinder- und Jugendfußball werden oft etwas kleinere und leichtere Bälle verwendet.

Hütchen und Kegel

Für das Training gibt es viele Hilfsmittel. Vielleicht kennt ihr aus eurem Verein schon Markierungskegel oder Hütchen. Sie sind beim Üben sehr hilfreich, weil man damit Laufwege, ein kleines Spielfeld oder Tore markieren kann.

5

Anstoß, Einwurf, Eckball:
Grundregeln des Fußballs

Die FIFA legt nicht nur die Regeln für das Spielfeld und die Ausrüstung fest, sondern auch für das Spiel mit dem Ball. Wenn du in einem Verein Fußball spielen willst, musst du die Spielregeln lernen.

Handspiel verboten

Beim Fußball gibt es im Vergleich zu anderen Ballspielen nur wenige Regeln. Die meisten sind einfach zu verstehen. Grundsätzlich darf der Ball – das weißt du sicher schon – während des Spiels nicht mit der Hand oder dem Arm berührt werden. Eine Ausnahme von dieser Regel gilt nur für den Torwart. Du spielst den Ball mit dem Fuß, kannst ihn aber auch mit dem Kopf und allen anderen Körperteilen stoppen und stoßen. Über die Einhaltung der Regeln wacht der Schiedsrichter. Bei Spielen in den oberen Spielklassen wird er an den Seitenlinien des Spielfeldes von zwei Assistenten unterstützt.

Anstoß

Das Fußballspiel beginnt mit dem Anstoß. Er wird im Mittelkreis ausgeführt – den die gegnerischen Spieler erst betreten dürfen, wenn der Ball gespielt wurde. Rollt oder fliegt der Ball über die Seitenlinie ins Aus, wird er mit einem Einwurf wieder ins Spiel gebracht. Den Einwurf erhält die gegnerische Mannschaft des Spielers, der den Ball zuletzt berührt hat. Verlässt der Ball das Spielfeld über die Torlinie, kann es einen Eckball oder einen Abstoß geben. Zu einem Eckball kommt es, wenn ein Spieler der verteidigenden Mannschaft den Ball ins Aus beförderte. Hat ein angreifender Spieler den Ball zuletzt berührt, wird ein Abstoß durchgeführt.

Die Schalker Kevin Kuranyi und Gerald Asamoah beim Anstoß. Der Ball liegt auf dem Anstoßpunkt.

So wird ein Einwurf richtig ausgeführt.

Abstoß

Den Abstoß kann der Torwart oder auch ein Feldspieler durchführen. Er muss aus dem Torraum heraus erfolgen. Erst wenn der Ball den Strafraum verlassen hat, ist er wieder im Spiel. Gegnerische Spieler dürfen beim Abstoß nicht im Strafraum stehen.

Einwurf

Auch für den Einwurf gibt es sehr genaue Regeln. Falsche Einwürfe kann man nicht nur bei Kinder- und Jugendspielen, sondern

Torwart René Adler von Bayer 04 Leverkusen beim Abstoß

Kaum zu glauben

Heute ist es oft schwer, für Bundes-ligaspiele eine Eintrittskarte zu be-kommen. Das war nicht immer so. Die am schwächsten besuchte Partie in der Geschichte der Bundesliga fand in der Saison 1965/66 statt. Ganze 827 Zuschauer sahen die Begegnung zwischen Tasmania Berlin und Borussia Mönchen-gladbach.

Eckball

Für einen Eckball wird der Ball zunächst in den kleinen Viertelkreis der Eckfahne gelegt, in deren Nähe der Ball ins Aus gegangen ist. Die gegnerischen Spieler müssen einen Abstand von 9,15 m zum Ball einhalten, bis der Ball wieder im Spiel ist. Ein Eckball ist eine gute Chance, ein Tor zu erzielen. Viele Eckbälle werden so gespielt, dass sie wie eine hohe Flanke in den Strafraum herein-kommen und daher eine gute Möglichkeit für einen Kopfball bieten. Bei einem Eckstoß ist die Abseitsregel aufgehoben.

Torlinie

Zappelt der Ball nach einem Schuss im Netz, ist das ein Tor. Keine Frage. Was aber ist, wenn der Ball genau auf der Torlinie liegen

manchmal sogar in der Bundesliga sehen. Bei einem Einwurf muss der Einwerfende mit beiden Beinen auf dem Boden stehen. Die Füße stehen dabei auf der Seitenlinie oder auf dem Boden außerhalb des Spielfel-des und der Ball wird mit beiden Händen über den Kopf geführt.

Piotr Trochowski (Hamburger SV) schlägt eine Ecke vor das gegnerische Tor.

Spieler-sprüche

„Ich weiß, was um die Ecke passiert. Ich weiß nur nicht, wo die Ecke ist."
Kevin Keagan

1. Der Ball hat die Linie nicht überschritten. Er ist nicht im Tor.
2. Der Ball liegt auf der Linie. Auch das ist kein Tor.
3. Mancher ruft schon „Tor!". Ist es aber nicht. Der Ball hat die Linie noch nicht vollständig überschritten.
4. Der Ball ist komplett über die Linie. Das Tor zählt.

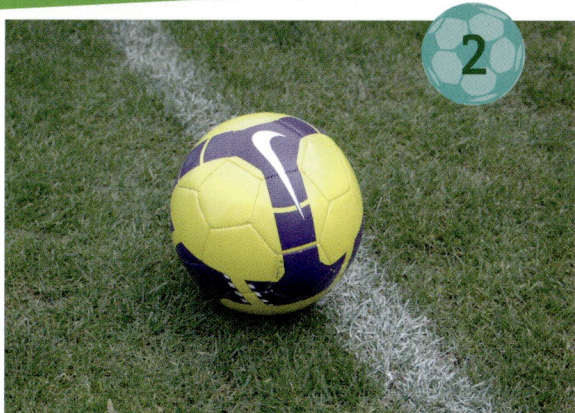

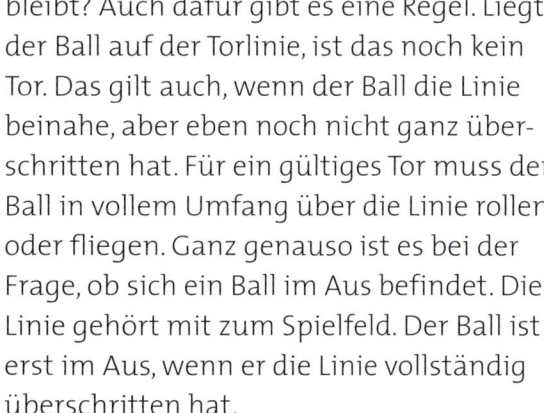

bleibt? Auch dafür gibt es eine Regel. Liegt der Ball auf der Torlinie, ist das noch kein Tor. Das gilt auch, wenn der Ball die Linie beinahe, aber eben noch nicht ganz überschritten hat. Für ein gültiges Tor muss der Ball in vollem Umfang über die Linie rollen oder fliegen. Ganz genauso ist es bei der Frage, ob sich ein Ball im Aus befindet. Die Linie gehört mit zum Spielfeld. Der Ball ist erst im Aus, wenn er die Linie vollständig überschritten hat.

Spielzeit

Auch die Spielzeit ist genau festgelegt. Sie beträgt 90 Minuten. Ein Fußballspiel besteht aus zwei Spielzeithälften, von denen jede 45 Minuten dauert. Dazwischen gibt es eine Halbzeitpause von höchstens 15 Minuten. Geht während des Spiels zum Beispiel durch Verletzungen Zeit verloren, wird diese am Ende der jeweiligen Spielzeithälfte nachgespielt.

Viele Spiele enden nach der regulären Spielzeit mit einem Unentschieden. Steht es aber bei Entscheidungs- oder Pokalspielen am Ende der Spielzeit unentschieden, gibt es eine Verlängerung. Die Verlängerung dauert 2 x 15 Minuten.

Klare Sache:
die Abseitsregel

Die schwierigste Regel beim Fußball ist die Abseitsregel, an die man sich erst einmal gewöhnen muss. Aber schon nach kurzer Zeit wirst du sie verinnerlicht haben.

Die Grundregel

Abseits steht der Spieler einer Fußballmannschaft dann, wenn er der gegnerischen Torlinie näher ist als der Ball und der vorletzte Abwehrspieler. Wenn du ohne Ball auf das gegnerische Tor zuläufst, bist du also nur im Abseits, wenn sich weniger als zwei Spieler der anderen Mannschaft vor dir befinden. Dazu zählt auch der Torwart. Stehen also noch der Torwart und ein Abwehrspieler vor dir, befindest du dich nicht im Abseits. Steht dagegen nur noch der Torwart vor dir, bist du im Abseits. Das gilt je-

doch nur, wenn du den Ball zugespielt bekommst. Dribbelst du aber mit dem Ball am Fuß über den halben Platz und trickst alle Abwehrspieler aus, sodass du schließlich allein vor dem Tor stehst und schießen kannst, ist das kein Abseits.

Passives Abseits

Wenn ein Spieler im Abseits steht, ist das für sich noch kein Regelverstoß. Er muss auch „aktiv am Spiel teilnehmen", wie es in den Fußballregeln heißt. Der Spieler muss aus der Abseitsstellung einen Vorteil haben, den Gegner dadurch beeinflussen oder ins Spiel eingreifen. Dies ist z. B. dann der Fall, wenn du im Abseits stehst und dir ein Mitspieler einen Pass zuspielt. Dann wird der Schiedsrichter pfeifen. Stehst du aber

ABSEITSREGELN

Der Angreifer befindet sich im Abseits, weil er in dem Augenblick, als ihm der Ball zugespielt wird, näher der gegnerischen Torlinie ist als der vorletzte Abwehrspieler.

Kein Abseits: Zwischen dem Angreifer und der gegnerischen Torlinie befinden sich noch ein Abwehrspieler und der Towart.

weitab vom Geschehen unbeteiligt dabei, handelt es sich um ein sogenanntes passives Abseits. Und das ist erlaubt.

Für die Entscheidung, ob Abseits vorliegt, kommt es auf den Zeitpunkt an, in dem dein Mitspieler den Ball abspielt. Stehst du in diesem Augenblick im Abseits, pfeift der Schiedsrichter. Stehst du in diesem Moment aber so, dass sich noch zwei Gegenspieler vor dir befinden, und sprintest du erst danach an einem Gegner vorbei, liegt kein Regelverstoß vor.

Ausnahmen

Es gibt einige Ausnahmen von der Abseitsregel. So liegt kein Abseits vor, wenn ein Spieler den Ball bei einem Abstoß, Einwurf oder Eckball direkt erhält. In diesen Situationen darfst du also vor dem Tor den Ball annehmen, auch wenn keine zwei Gegen-

Lachen erlaubt

Zwei Fußballer im Gespräch. „Ich habe gestern mit meinem Arzt gesprochen. Er hat mir dringend geraten, mit dem Fußballspielen aufzuhören." – „Hat er dich denn auch gründlich untersucht?" – „Das nicht. Aber er hat gesehen, wie ich spiele."

spieler mehr vor dir stehen. Besonders bei Eckbällen ist es gut, das zu wissen. Nicht im Abseits befindest du dich außerdem automatisch immer in der eigenen Hälfte und wenn du auf gleicher Höhe mit dem vorletzten Gegenspieler stehst.

Kaum zu glauben

Die bisher schlechteste Bundesligamannschaft war der SC Tasmania 1900 Berlin. Der Verein spielte nur eine Saison in der höchsten deutschen Spielklasse. Das war 1965/66, als die Bundesliga von 16 auf 18 Vereine aufgestockt wurde. In der Abschlusstabelle hatten die Berliner 8:60 Punkte und 15:108 Tore.

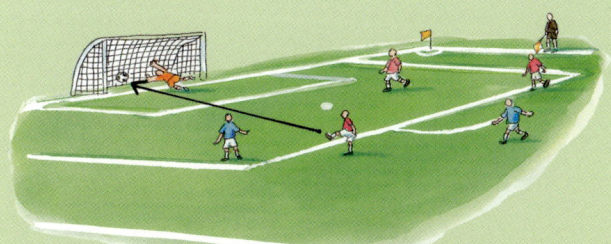

Ein Angreifer steht im Abseits. Weil der aber nicht in das Spiel eingreift (passives Abseits), zählt das Tor.

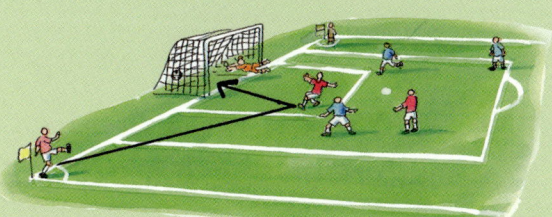

Kein Abseits, weil bei einem Eckstoß die Abseitsregeln nicht gelten.

Das Annehmen
und Führen des Balls

Über das halbe Spielfeld dribbeln, gleich zwei Verteidiger aussteigen lassen, Traumpässe schlagen und Tore schießen: So macht Fußball spielen Spaß. Wer so spielen will, muss zunächst einmal die Grundtechniken im Umgang mit dem Ball beherrschen. Ganz wichtig dabei: das Annehmen und das Führen des Balles.

Wie der Ball auch kommt …

Wenn der Ball in einem Spiel auf dich zukommt, kann das ganz unterschiedlich aussehen: Vielleicht fliegt der Ball in hohem Bogen heran und prallt kurz vor dir auf, um erneut hochzuspringen. Vielleicht wird er dir aber auch sauber zugepasst oder saust in Brusthöhe auf dich zu. Egal wie der Ball kommt: Als guter Fußballer solltest du ihn in jedem Fall annehmen können. Beim Annehmen bringst du den herankommenden Ball so weit unter deine Kontrolle, dass du ihn gezielt weiterspielen kannst. Das geht mit jedem Körperteil – außer natürlich mit den Händen und den Armen. In den meisten Fällen wird der Ball natürlich mit dem Fuß angenommen.

Eine gute Ballannahme ist wichtig. Hier nimmt ein Spieler beim Aufwärmen vor einem Spiel einen Ball aus der Luft an.

Meist wird der Ball mit dem Fuß angenommen.

Innenseite des Fußes

Mit der Innenseite des Fußes kannst du flach und hoch gespielte Bälle gleichermaßen annehmen. In beiden Fällen verlagerst du kurz vor der Ballannahme dein Körpergewicht auf das andere Bein. Dabei solltest du aber locker und im Gleichwicht bleiben.

BEIDFÜSSIG IST BESSER!

Trainiere die Ballannahme immer mit beiden Füßen. Du hast sicher schon gemerkt, dass du den Ball mit einem Fuß besser kontrollieren kannst als mit dem anderen. Am Anfang erscheint es dir vielleicht am einfachsten, ihn immer mit deinem starken Fuß anzunehmen. Das solltest du nicht tun. Du hast viel mehr Möglichkeiten in einem Spiel, wenn du den Ball mit beiden Füßen gut annehmen und kontrollieren kannst.

Wenn nötig, kannst du die Arme zum Ausbalancieren zu Hilfe nehmen. Im Moment des Ballkontaktes gibst du mit dem Spielfuß leicht nach. Auf diese Weise bremst du den Ball weich ab und nimmst ihm den Schwung. Wenn du das geschickt machst, springen dir selbst scharf geschossene Bälle nicht vom Fuß weg.

Spieler-sprüche

„Ich sage nur ein Wort: ‚Vielen Dank!‘"
Stürmer Horst Hrubesch

So nimmst du den Ball mit der Innenseite des Fußes an.

Die Ballannahme mit der Fußaußenseite

Die Außenseite

Etwas schwerer ist die Ballannahme mit der Außenseite des Fußes. Dabei nimmst du den Ball mit einer möglichst großen, flachen Fläche der Außenseite deines Fußes an. Einen aufspringenden Ball kontrollierst du am sichersten, wenn du im Augenblick der Bodenberührung mit dem Unterschenkel des ballführenden Beines eine Art Dach über dem Ball bildest.

Annahme mit der Brust

Hoch zugespielte Bälle werden häufig mit der Brust angenommen. Dabei ziehst du die Brust im Moment der Ballberührung etwas zurück. Anschließend richtest du dich wieder auf, wobei dann der Ball zu Boden fällt und du ihn weiterspielen kannst.

Das Dribbling

Hast du den Ball angenommen und unter Kontrolle gebracht, kannst du anschließend mit ihm dribbeln. Beim Dribbling treibst du den Ball während des Laufens mit kurzen Stößen vor dir her. Du kannst den Ball dabei mit dem Vollspann, dem Außenspann oder Innenspann antreiben. Besonders schnell bist du, wenn du den Ball während des Laufens mit dem Vollspann weiterstößt. Vor allem wenn du Richtung oder Tempo ändern willst, stößt du den Ball auch mit dem Innen- und Außenspann an. Beim Dribbeln

Die Annahme des Balles mit der Brust

Beim schnellen Dribbling treibt man den Ball mit dem Vollspann voran.

Beim Abschirmen schützt man den Ball mit dem ganzen Körper.

darfst du dir den Ball nicht zu weit vorlegen. Du solltest ihn immer so eng wie nötig am Fuß halten – denn schließlich willst du ja nicht riskieren, dass ein gegnerischer Spieler ihn erreicht.

Das Abschirmen

Das Dribbling ist eine Möglichkeit, den Ball während des Spiels zu führen. Hast du keine Möglichkeit zu einem schnellen Dribbling und ist auch keiner deiner Mitspieler frei, musst du den Ball halten und abschirmen. Das Abschirmen ist eine wichtige Grundtechnik. Dabei bringst du deinen Körper zwischen den Ball und deinen Gegenspieler. Während du so den Ball hältst, gewinnst du etwas Zeit. Hat ein Mitspieler sich freigelaufen, kannst du ihm dann den Ball zupassen.

Reportersprüche

„Da geht er. Ein großer Spieler. Ein Mann wie Steffi Graf." *Jörg Dahlmann zum Abschied von Lothar Matthäus*

DAS SPIELGESCHEHEN BEOBACHTEN!

Beim Dribbeln sollte dein Blick auf das Spielgeschehen gerichtet sein. Das fällt am Anfang schwer. Trotzdem ist es sehr wichtig. Denn schaust du beim Dribbling auf den Ball und deine Füße, kannst du nicht sehen, ob und wo sich ein anderer Spieler deiner Mannschaft freigelaufen hat. Um den Blick auf das Spielfeld zu trainieren, gibt es eine einfache Übung: Dabei dribbelst du mit Freunden über den Fußballplatz. Einer von euch ist der Trainer. Wenn er den Arm hebt, müsst ihr sofort stehen bleiben und den Ball stoppen. Senkt er den Arm wieder, dribbelt ihr weiter. Wenn ihr die Übung gut beherrscht, könnt ihr zusätzlich Hütchen oder andere Hindernisse aufbauen, um die ihr herumdribbelt.

Für alle Fälle:
die richtige Passtechnik

Das Passen gehört zu den wichtigsten Grundtechniken eines Fußballers. Du solltest den Ball immer dahin passen können, wohin du ihn im Spiel haben möchtest. Eine schlechte Passtechnik führt sehr schnell zu Ballverlusten und einer Niederlage. Eine ausgefeilte Passtechnik ist die Voraussetzung für schnelles Kombinationsspiel, wie es gute Mannschaften auszeichnet. Ein Höhepunkt für jeden Spieler sind Flanken, die im Tor versenkt werden.

Der Innenseitstoß

Der Innenseitstoß ist eine Technik, die in jedem Fußballspiel häufig gebraucht wird. Mit dem Innenseitstoß lassen sich besonders genaue Pässe spielen. Dabei stößt du den Ball mit der Innenseite des Fußes. Um einen Pass zu spielen, musst du zuvor das Spielbein drehen.

Neues von der Trainerbank

„Die hatten einen Mittelstürmer, der ist zwei Köpfe größer als ein Schwein – und macht zwei Kopfballtore gegen uns."

Hans Meyer

Mit einem weiten Pass kannst du einen Großteil des Spielfelds überbrücken.

Der Innenseitstoß

Beim schnellen Laufen wirst du damit etwas langsamer. Das ist einer der Nachteile dieser Passtechnik. Sie wird meist für kurze Pässe angewandt. Immer wenn ein Pass besonders sicher und genau ankommen muss, weil zum Beispiel Gegenspieler deinen Passpartner gleich angreifen werden, solltest du dich für einen Pass mit einem Innenseitstoß entscheiden.

Mit dem Vollspann
Um einen Pass über eine sehr große Entfernung zu spielen, ist ein Stoß mit dem Vollspann die beste Technik. Mit dem Vollspann ist es aber sehr viel schwieriger,

einen Pass genau zu spielen, als mit der Innenseite des Fußes. Um diese Technik zuverlässig zu beherrschen, musst du sie sehr häufig üben.

Außenspann-Pässe
Auch mit dem Außenspann deines Fußes kannst du Pässe spielen. Diese Technik eig-

Der Vollspannschuss ist eine besonders kraftvolle Technik.

SCHWIERIGES ZUSAMMENSPIEL: FUSS UND BALL

Mit dem Fuß kannst du den Ball auf ganz unterschiedliche Weise treffen. Das liegt vor allem an der Oberseite des Fußes. Schaue sie dir einmal genau an: Die Oberseite deines Fußes ist nicht gerade, sondern gewölbt. Damit bildet sie eine ideale dreigeteilte „Abschussrampe" für den Ball. Du kannst den Ball mit der Oberseite des Fußes spielen. Dabei triffst du den Ball etwa mit der Stelle, wo am Schuh die Schnürsenkel sind. Das ist dann ein Stoß mit dem Vollspann. Triffst du den Ball mit der äußeren, abfallenden Seite der „Abschussrampe", ist das ein Stoß mit dem Außenspann. Genauso kannst du ihn aber auch mit der gegenüberliegenden Seite, mit dem Innenspann, spielen. Dazu kommt dann noch die ganze Innenseite, mit der du den Ball ebenfalls spielen kannst. Das ist beim Innenseitstoß der Fall.

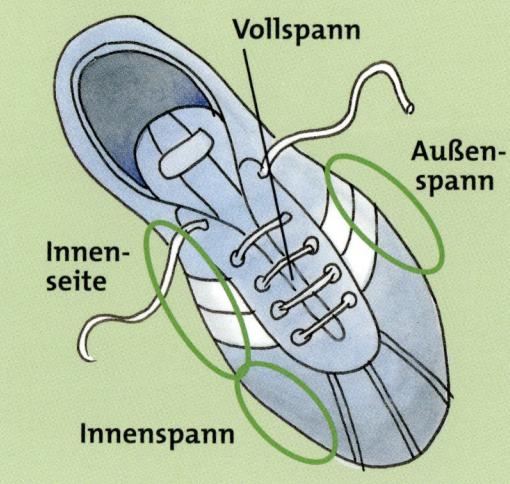

Vollspann

Außenspann

Innenseite

Innenspann

Der Pass mit dem Außenspann kann sehr schnell und direkt gespielt werden.

net sich für Pässe über kurze oder mittlere Entfernungen. Passt du mit der Außenseite deines Fußes über eine kurze Entfernung, kannst du einen Angreifer überraschen, wenn du den Ball ohne Ausholbewegung spielst.

Manchmal besser ohne Außenspann

Viele Fußballer haben einen „starken" und einen „schwachen" Fuß. Natürlich passt oder schießt jeder Fußballer am liebsten mit seinem „starken" Fuß. In einem Spiel kann es viel einfacher sein, den Ball mit dem Außenspann des „starken" Fußes zu spielen, wo genauso ein Pass mit der Innenseite des „schwachen" Fußes möglich oder sogar besser wäre. Auf diese Weise wird der „schwache" Fuß aber zu wenig trainiert. Als guter Fußballer solltest du stets das Ziel haben, möglichst beidfüßig spielen zu können. Achte deshalb immer darauf, beim Passen aus Bequemlichkeit nicht zu oft auf den Außenspann des „starken" Fußes auszuweichen.

Pässe mit Effet

Mit dem Innenspannstoß kannst du Pässe über weite Entfernungen schlagen. Auch Eckstöße und viele Freistöße werden vorwiegend mit dieser Technik ausgeführt. Triffst du den Ball etwas seitlich und unterhalb seines Mittelpunktes, erhält er eine Eigendrehung – den sogenannten Drall –, wodurch er nicht auf einer geraden, sondern gekrümmten Bahn fliegt. Auf diese Weise zirkeln Profis wie Ronaldinho den Ball bei Freistößen um die Mauer herum ins Tor. Der Ball wird dann mit Effet gespielt, wie man auch sagt. So perfekt beherrschen aber nur wenige Fußballer diese Technik. Auch Flanken werden meist mit dem Innenspann geschlagen. Eine Flanke ist ein hoher Ball, der von der Seite hoch in den gegnerischen

FUSSBALLSCHUHE MIT STAHLKAPPE

Mit den Zehenspitzen – der Pike – wird der Ball nicht gespielt. Das weißt du bestimmt schon. Stößt du den Ball auf diese Weise, würdest du dir sehr schnell die Zehen verletzen. In der Anfangzeit des modernen Fußballs – Ende des 19. Jahrhunderts – war das noch anders. Da wurde der Ball meist mit der Pike gespielt. Um die Zehen der Spieler zu schützen, hatten die Fußballschuhe in der Spitze eine Stahlkappe. Damals waren die Schuhe 600 Gramm schwer. Heute wiegen manche Schuhe unter 200 Gramm.

Strafraum geschossen wird. Der Innenspannstoß ist nicht leicht zu lernen. Genau wie beim Vollspannstoß wird es einige Zeit dauern, bis du ihn wirklich gut beherrschst.

Mit dem Innenspannstoß kann man dem Ball eine besondere Flugbahn geben.

Aus allen Lagen:
Torschüsse und Kopfbälle

Fällt ein Tor und zappelt der Ball im Netz, gehört das zu den schönsten Augenblicken eines Fußballspiels. Was in einem Spiel manchmal so einfach aussieht, ist oft das Ergebnis einer sehr anspruchsvollen Technik. Willst du für deine Mannschaft Tore erzielen, solltest du dir eine ausgezeichnete Schusstechnik und ein gutes Kopfball-spiel aneignen.

Kaum zu glauben

In Jena trafen sich im Jahre 1896 die Verantwortlichen des deutschen Fußballs, um neue Regeln für das Spiel festzulegen. Wichtigste Änderung: Das Spielfeld musste frei von Bäumen und Sträuchern sein.

Optimale Schusstechnik

Tore fallen in einem Spiel auf ganz unterschiedliche Art. Manchmal kannst du den Ball aus kürzester Distanz über die Linie ins Tor schieben, während ein anderes Tor nach einem kraftvollen Weitschuss fällt. Um erfolgreich Tore zu schießen, brauchst du zunächst einmal eine optimale Schusstechnik. Nur so kannst du Torchancen in einem Spiel optimal verwerten. Sie unterscheidet sich

Nationalstürmerin Birgit Prinz setzt zu einem Flugkopfball an.

Mit einem scharf geschossenen Ball hast du immer die Chance, ein Tor zu erzielen.

nicht von der, die du schon vom Passen kennst. Grundsätzlich kannst du den Ball auch beim Torschuss mit der Innenseite des Fußes, mit dem Innenspann, dem Außenspann und dem Vollspann spielen. Mit der Innenseite wird der Ball auf kurze Entfernung ins Tor gestoßen, immer dann, wenn es auf große Genauigkeit ankommt. Mit dem Innenspann kannst du den Ball aus der Bewegung im Spiel, aber auch bei Freistößen ins Tor schießen. Der Innenspannstoß bietet die meisten Möglichkeiten, um eine besondere Flugbahn des Balles zu erreichen. Mit dem Außenspannstoß kannst du über kurze und mittlere Entfernungen Tore erzielen. Schüsse mit dem Vollspann schließlich erreichen die größte Ballgeschwindigkeit.

Der Volleyschuss

Beim Volleyschuss triffst du den Ball direkt in der Luft, ohne ihn zuvor vorbereitend anzunehmen. Nach einer Ecke oder einer Flanke kannst du mit einem harten Volley-

Ein Volleyschuss, bei dem gut zu sehen ist, wie der Spieler dabei seinen Blick auf den Ball richtet

Um eine gute Kopfballtechnik zu bekommen, musst du viel üben. Um dich an Kopfbälle zu gewöhnen, kannst du zunächst auch mit leichteren Bällen anfangen. Wenn deine Technik stimmt, übst du mit schwereren Bällen weiter.

schuss den gegnerischen Torhüter überraschen und ein unhaltbares Tor erzielen. Volleyschüsse müssen lange geübt werden, bis man sie sicher beherrscht. Wichtig ist ein guter Stand. Die Wucht, mit der du den Ball schießen kannst, hängt davon ab, wie gut du zum Ball stehst. Je häufiger du Volleyschüsse übst, umso besser wird dein Gefühl dafür, wie du dich am besten zum Ball stellst. Achte darauf, während des Schusses den Blick auf den Ball zu richten – und nicht auf das Tor. Nur so kannst du ihn bestmöglich kontrollieren.

Die Grundtechniken

Eine gute Kopfballtechnik kann ein Spiel entscheiden. In den meisten Mannschaften gibt es Fußballer, die ein besonders gutes Kopfballspiel haben und so häufig Tore erzielen. Auch wenn nicht jeder Spieler ein Kopfballspezialist sein kann, über eine gute Kopfballtechnik sollten alle Fußballer verfügen. Die einfachste Kopfballtechnik ist der Kopfstoß aus dem Stand. Dabei nimmst du eine leichte Schrittstellung ein. Du triffst den heranfliegenden Ball mit der Stirn. An der Stoßbewegung sollte dein ganzer Körper beteiligt sein. Nacken- und Rumpfmuskeln sind dabei angespannt. Du darfst den Stoß also nicht nur durch eine Nickbewegung des Kopfes durchführen. Stattdessen nimmst du kurz vor dem Kopfball den gesamten Oberkörper etwas zurück und führst ihn dann zum Köpfen wieder nach vorn. Die Augen hältst du beim Köpfen geöffnet. Schließlich musst du den Ball sehen, wenn du ihn richtig treffen willst.

Bewegungsablauf beim Kopfball aus dem Stand

So wird ein Sprungkopfball richtig ausgeführt.

Sprungkopfball

Zum Kopfball aus dem Sprung nimmst du einen kurzen, geraden Anlauf. In der Luft führst du Oberkörper und Beine nach hinten – wie ein Bogen. Aus dieser Ausholbewegung triffst du dann den Ball, indem du Kopf und Oberkörper – wie beim Kopfball aus dem Stand – in einer Bewegung zusammen nach vorn bewegst. Gleichzeitig bewegen sich auch die Beine in der Luft nach vorn. Die Arme helfen dir, Schwung für die einzelnen Bewegungen zu holen und das Gleichgewicht in der Luft zu halten.

Der Flugkopfball

Besonders beeindruckend ist ein Flugkopfball. Dabei springst du nach vorn und triffst den Ball meist knapp über dem Rasen mit dem Kopf. Während des Sprungs musst du dabei den Ball genau im Auge behalten. Am besten gehst du vor dem Absprung leicht in die Knie und hechtest aus dieser Position nach vorn. Wie immer beim Köpfen wird der Ball mit der Stirn getroffen.

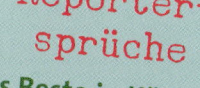

Reporter-sprüche

„Das Beste in Kürze: Das Spiel ist aus." Reporter Werner Hansch nach einem Spiel Werder Bremens gegen Stavanger.

Der Flugkopfball sieht besonders spektakulär aus.

Nicht nur was für
Verteidiger: das Tackling

Eine wichtige Grundtechnik beim Fußball ist das Tackling, das verschiedene Möglichkeiten bietet, dem Gegner den Ball abzunehmen. Nicht nur Verteidiger sollten gut im Tackling sein. Auch Mittelfeldspieler und Stürmer müssen es beherrschen, denn auch im Angriff oder im Mittelfeld gibt es immer wieder Situationen, bei denen ein Spieler dem Gegner durch geschicktes Tackling den Ball abnehmen und damit einen wichtigen Vorteil für die eigene Mannschaft erzielen kann.

Das Blocktackling

Die erste Technik zur Ballabnahme ist das Grund- oder Blocktackling. Dabei blockierst du den Ball mit der Innenseite deines Fußes und trennst ihn so vom Gegenspieler. Beim Blocktackling ist es wichtig, den Ball mit einer möglichst großen Fläche des Fußes zu treffen. Deshalb verwendest du dazu die Fußinnenseite. Anders als beim Innenseitstoß machst du aber keine aktive Trittbewegung gegen den Ball, sondern blockierst ihn nur, indem du den Fuß gegen den Ball hältst. Dabei sind deine Bein- und Fußmuskeln angespannt.

Gleittackling

Das Gleittackling ist viel schwerer auszuführen als das Blocktackling. Du kannst es anwenden, wenn dein Gegner so weit entfernt ist, dass du ihm mit einem Blocktackling den Ball nicht abnehmen kannst. Beim Gleittackling versuchst du, durch seitliches Hineingrätschen den Ball vom Fuß deines Gegenspielers zu

Mit einem Gleittackling trennt der Portugiese Ricardo Carvalho den Franzosen Zinedine Zidane sauber vom Ball.

trennen. Diese Technik erfordert viel Übung, bis du sie sicher beherrschst. Sie ist auch sehr riskant. Der Schiedsrichter erkennt oft nicht, ob du den Ball getroffen oder deinen Gegner gefoult hast – sodass du bei jedem Gleittackling einen Freistoß riskierst. Außerdem liegst du anschließend am Boden und kannst nicht mehr in das Spiel eingreifen.

Rempeln erlaubt

Fußball ist ein körperbetontes Spiel. Bei vielen Zweikämpfen kommt es zum Körperkontakt. Dabei darfst du deinen Gegenspieler auch rempeln. Das Rempeltackling ist aber nur erlaubt, wenn ihr gleichzeitig um den Ball kämpft. Beim Rempeln muss der Arm an den Oberkörper angelegt sein, deine Schulter hält den Kontakt zum Gegenspieler. Achte beim Rempeln darauf, dass dein Gewicht auf dem inneren Bein liegt. Wirst du vom Gegenspieler kurzzeitig nach außen gedrängt, kannst du dich immer noch mit dem äußeren Bein abfangen.

Kaum zu glauben

Bei der Weltmeisterschaft 1938 verwandelte Giuseppe Meazza einen Elfmeter. Den Zuschauern fiel dabei seine merkwürdige Körperhaltung auf. Der Mann hielt sich beim Anlauf die Hose fest. Der Grund: Meazza war im Zweikampf kurz vor dem Elfmeter der Gummizug der Hose gerissen.

1. Beim Blocktackling blockierst du den Ball mit deinem Fuß.
2. Beim Gleittackling ist das richtige Timing sehr wichtig, damit der Fuß den Ball sauber trifft. Trotzdem besteht immer die Gefahr, dass es vom Schiedsrichter als Foul gewertet wird.
3. Fußball ist ein körperbetontes Spiel. Deshalb darf der Gegenspieler beim Kampf um den Ball auch gerempelt werden.

Hohe Schule:
Tricks und Finten

Wenn du einen Gegner durch eine geschickte Täuschung austrickst, gehört das zu den besonders schönen Augenblicken in einem Fußballspiel. Die dafür nötigen Finten und Tricks sollten beim Training zunächst nicht im Vordergrund stehen. Viel wichtiger ist es am Anfang, Ballannahme, Passen, Schusstechnik und das Zusammenspielen mit den anderen zu üben. Trotzdem solltest du nach und nach auch immer mehr Tricks und Finten lernen. Sie helfen dir, dich in Zweikämpfen elegant durchzusetzen.

Das Zurückziehen

Zu den einfachsten Finten gehört das Zurückziehen des Balls. Dabei läufst du zunächst mit dem Ball auf den Gegenspieler zu. Am besten bietest du ihm dabei die – scheinbare – Möglichkeit, leicht und einfach an den Ball zu kommen. Versucht er das, indem er Fuß und Bein in Richtung Ball bewegt, ziehst du den Ball mit der Fußsohle blitzschnell zurück und beginnst gleichzeitig, an ihm vorbei in den freien Raum zu dribbeln.

Spieler-sprüche

„Das einzige Tier bei uns zu Hause bin ich!"
Oliver Kahn

Jamie Redknapp von Liverpool täuscht den gegnerischen Verteidiger mit einer Finte und setzt sein Dribbling fort.

Das Zurückziehen des Balls ist eine einfache, aber wirksame Technik.

DOPPELPASS

So schön Tricks und Finten auch sind: Die beste Technik, sich gegen einen gegnerischen Spieler durchzusetzen, ist meist ein schnell und direkt gespielter Pass. Spielt dein Mitspieler dir den Ball sofort wieder zurück, während du dich von deinem Angreifer schon wieder gelöst hast, bezeichnet man das als Doppelpass.

Weil dein Gegner sich in diesem Moment noch in die Gegenrichtung bewegt, wird er dir nicht so schnell folgen können.

Das Kappen

Das Kappen ist die einfachste und direkteste Möglichkeit, den Ball vor einem Angreifer zu schützen oder diesen zu umspielen. Beim Kappen mit dem Innenspann drehst du den Spielfuß um den Ball herum. Damit führst du diesen in eine neue Richtung – zum Beispiel nach links, wenn das rechte Bein dein Spielbein ist. Gleichzeitig drehst du dich um das Standbein herum ebenfalls in die neue Richtung. Der Ball sollte dabei möglichst an deinem Fuß „kleben". Ist er zu weit entfernt, wird der Angreifer ihn schnell erobern. Du kannst den Ball auch mit dem Außenspann kappen und dann in die andere Richtung führen.

Der Ablauf des Kappens mit dem Innenspann

TRAINING VON DREHUNGEN

Durch das Kappen kannst du schnelle Bewegungen mit dem Ball auf engstem Raum ausführen. Es schnell und gut auszuführen, ist nicht ganz so einfach, wie es zunächst scheint. Der Grund: Um sicher zu kappen, benötigst du ein gutes Gleichgewichtsgefühl und musst den Ball sehr genau und schnell mit den Füßen kontrollieren. Beides erreichst du nur durch Training. Eine gute Übung: Stelle dich zusammen mit deinen Freunden nebeneinander an die Strafraumlinie. Jeder hat einen Ball. Mit diesem dribbelt ihr gleichzeitig bis zur Torraumlinie. Hier führt ihr blitzschnell eine Drehung mit dem Ball durch – mit dem Innenspann – und dribbelt dann zurück. Hier dreht ihr wieder und beginnt erneut. Nach einigen Durchgängen führt ihr die Übung mit dem Außenspann durch. Du kannst die Übung auch allein durchführen. Mit Freunden macht es aber natürlich mehr Spaß. Außerdem lernst du auf diese Weise gleich, den Ball zu kappen, wenn sich – wie im richtigen Spiel – mehrere Spieler gegenseitig bedrängen.

Das Antäuschen

Eine wichtige Finte, die jeder Fußballer beherrschen sollte, ist das Antäuschen des Gegners. Dabei läufst du mit dem Ball an den Füßen zunächst auf den Gegenspieler zu. Wenn der direkt vor dir ist und dich angreift, täuschst du – als Rechtsfüßer – eine Bewegung nach links an. Dabei verlagerst

Das Antäuschen muss schnell und dynamisch durchgeführt werden. Dann klappt es oft selbst gegen erfahrene Abwehrspieler.

du dein Gewicht auf das linke Bein und setzt mit deinem rechten Fuß schon zu einem Dribbling nach links an – sodass es aussieht, als wolltest du gleich nach links durchstarten. Aber genau das tust du nicht. Stattdessen verlagerst du blitzschnell dein Gewicht auf die rechte Seite und führst den Ball mit dem rechten Außenspann am Gegner vorbei.

Der Übersteiger

Der Übersteiger funktioniert so ähnlich wie das Antäuschen. Auch dabei läufst du auf den Angreifer zu und täuschst – als Rechtsfüßer – eine Bewegung nach links an. Statt nach links zu dribbeln, führst du aber den rechten Fuß blitzschnell über den Ball von außen nach innen. Mit dem rechten Außenspann führst du den Ball nach rechts, wo du jetzt am Angreifer vorbeidribbeln kannst.

Noch ein Übersteiger

Wenn du in beiden Füßen ein gutes Ballgefühl hast, kannst du einen Angreifer auch mit einer schwierigeren Form des Übersteigers täuschen. Auch bei dieser Finte läufst du mit dem Ball zunächst auf den Angreifer zu. Dabei führst du den Ball mit dem Außenspann des rechten Fußes – ganz so, als ob du rechts am Angreifer vorbeigehen wolltest. Aber das tust du nicht. Stattdessen führst du den Fuß schnell von innen nach außen über den Ball hinweg. Du verlagerst jetzt dein Gewicht auf das rechte Bein und bringst den linken Fuß hinter den Ball, um ihn dann mit der Außenseite am Gegner links vorbeizuspielen.

Spieler-sprüche

„Man darf jetzt den Sand nicht in den Kopf stecken."
Lothar Matthäus

Der linke Spieler führt das rechte Bein über den Ball. Dann geht er links am Gegenspieler vorbei.

Zahlenspiele auf dem Platz: unterschiedliche Spielsysteme

In jeder Fußballmannschaft gibt es Verteidiger, Mittelfeldspieler und Stürmer. Die Anordnung der Spieler kann aber auf ganz verschiedene Weise erfolgen. Man spricht von unterschiedlichen Spielsystemen.

Die Spielfeldzonen

Ein Fußballfeld kann in drei Zonen eingeteilt werden: die Verteidigungszone, das Mittelfeld und den Angriffsbereich oder Sturm. Vielleicht hast du schon gehört, dass bei der Aufstellung der

Spieler zum Beispiel von einem 4-4-2-System gesprochen wird. Die Zahlen drücken aus, wie viele Spieler in welcher Zone spielen.

Das 4-4-2-System

Beim 4-4-2-System spielen vier Fußballer in der Verteidigungszone, vier im Mittelfeld und zwei im Angriff. Die vier Mittelfeldspieler können in einer Kette

Abwehr

Neues von der Trainerbank

„Man spielt hier ja praktisch Mann gegen Mann."

Trainer Berti Vogts bei der Frauen-WM 1999 in den USA

nebeneinander-spielen oder in der Form einer Raute. Das 4-4-2-System basiert auf einer starken Abwehr, die aus zwei Innen- und zwei Außenverteidi-gern besteht. Dabei können die Außenverteidiger das Mittelfeld unterstützen und mit nach vorn gehen – wie es zum Beispiel Philipp Lahm häufig macht.

Drängt einer der Außenverteidiger nach vorn, bleibt der andere hinten, um den beiden Innenverteidigern bei einem gegnerischen Konter zu helfen. Bei Bedarf kann auch einer der Mittelfeldspieler aufrücken, um zeitweise zusätzlichen Druck im Angriff zu erzeugen.

Das 3-5-2-System

Eine andere Grundaufstellung ist das 3-5-2-System. Bei diesem ist das Mittelfeld mit fünf Feldspielern sehr stark besetzt. Oft spielt in der zentralen Position ein herausragender Spieler, dem der Trainer viele Freiheiten bei der Spielgestaltung einräumt. In der Abwehr fungieren die beiden Innenverteidiger häufig als Manndecker, die vom dahinter spielenden Libero zusätzlich abgesichert werden. Gerät eine Mannschaft, die mit dieser Startformation antritt, unter Druck, dann lassen sich häufig zwei der Mittelfeldspieler in die Abwehr zurückfallen und sorgen dort für zusätzliche Sicherheit. Das 3-5-2-System lässt sich so schnell in ein 5-3-2-System verwandeln.

Angriff

Mittelfeld

So spielt eine gute Abwehr

Ist die gegnerische Mannschaft am Ball, so ist die Abwehr gefordert. Sie hat die Aufgabe, Tore zu verhindern. An einer guten Verteidigung sind aber nicht nur die Abwehrspieler beteiligt – die ganze Mannschaft muss zusammenarbeiten.

Innen- und Außenverteidiger

Jede Fußballmannschaft besitzt spezielle Abwehrspieler, zu denen Innen- und Außenverteidiger gehören. Innenverteidiger spielen direkt vor dem Tor, während die Außenverteidiger weiter zum Spielfeldrand hin positioniert sind. Vor allem die Außenverteidiger übernehmen häufig auch offensive Aufgaben und schalten sich mit in eigene Angriffe ein.

Mann- und Raumdeckung

Für die Abwehrarbeit gibt es zwei grundlegende Systeme: die Manndeckung und die Raumdeckung. Bei der Manndeckung hat ein Verteidiger einen ganz bestimmten Gegenspieler, auf den er aufpassen muss. Bei der Raumdeckung ist jeder Abwehrspieler für eine bestimmte Zone des Spielfeldes zuständig. Kommt ein Angreifer in diese Zone, wird er von dem Abwehrspieler angegriffen. Läuft der Angreifer in die nächste Zone, übernimmt ihn der für diesen Bereich zuständige Abwehrspieler. Beide Systeme lassen sich mischen. So kann eine Mannschaft mit Raumdeckung spielen, aber einen besonders gefährlichen Gegenspieler durch einen sehr guten Abwehrspieler in Manndeckung nehmen.

Das Pressing

Bestimmt hast du schon einmal das Wort „Pressing" gehört. Das Pressing ist die heute im Fußball übliche Strategie in der Defensive, wobei es weiterhin eine Abwehr und Abwehrspieler gibt. An der Abwehrarbeit sind aber alle Spieler beteiligt. Sie beginnt immer dann, wenn die gegnerische Mannschaft den Ball erobert hat. Durch Pressing wird der Gegner unter Druck gesetzt und ihm im Idealfall der Ball gleich wieder abgenommen. Dabei wird der ballführende Spieler von einem oder zwei Spielern angegriffen. Gleichzeitig werden alle seine

Jeder Abwehrspieler ist für einen bestimmten Bereich der Defensivzone verantwortlich.

Luis Figo (Portugal) wird hier gleich von drei französischen Spielern angegriffen.

Mitspieler von Akteuren der gegnerischen Mannschaft gedeckt, sodass er keine Abspielmöglichkeit findet. Es gibt Defensiv-, Mittelfeld- und Offensivpressing, je nach dem Bereich des Spielfeldes, in dem man mit dem Pressing beginnt. Das Offensivpressing wird auch Forechecking genannt. Bei dieser Art der Verteidigung wird der Gegner schon in seiner eigenen Hälfte

Franz Beckenbauer, Abwehrstratege und eleganter Libero, war der erfolgreichste deutsche Fußballer.

unter Druck gesetzt. Das ist enorm kraftraubend und birgt ein großes Risiko, weil es dem Gegner blitzschnelle Konter ermöglicht. Forechecking wird deshalb nur selten über eine längere Zeit gespielt. Viele Mannschaften setzen es aber immer wieder ein, um den Gegner überfallartig für kurze Zeit in der eigenen Hälfte unter Druck zu setzen.

PER MERTESACKER

Einer der besten Abwehrspieler ist Per Mertesacker. Der „Lange", wie ihn seine Mitspieler nennen, spielt bei Werder Bremen und in der deutschen Nationalmannschaft in der Innenverteidigung. Per Mertesacker ist 1,98 m groß, sehr kopfball- und zweikampfstark. Dabei kommt es nur selten vor, dass er einmal ein Foul begeht. Geboren wurde der Abwehrspieler 1984 in Hannover.

Per Mertesacker in voller Aktion

So spielt ein gutes Mittelfeld

Im Mittelfeld werden die meisten Spiele entschieden und es setzt die entscheidenden Impulse für den Angriff. Dort werden auch schon viele gegnerische Attacken abgewehrt.

Positionen im Mittelfeld

Im Mittelfeld wird zwischen defensiven, zentralen und offensiv ausgerichteten Spielern unterschieden. Defensive Mittelfeldspieler spielen vor der Abwehr. Hier kann ein guter defensiver Mittelfeldspieler bereits einen Großteil der gegnerischen Angriffe entschärfen oder stören. Hat er den Ball, muss er möglichst geschickt den eigenen Angriff einleiten. Dazu gehört viel Übersicht. Ein Spieler im zentralen Mittelfeld leitet den Ball weiter nach vorn. Er sollte sehr laufstark sein. Der offensive Mittelfeldspieler ist der Spielmacher seiner Mannschaft. Er bringt durch kluge Pässe die Stürmer ins Spiel oder sucht auch selbst den Torabschluss. Daneben gibt es Außenfeldspieler, die sehr laufstark auf den Außenbahnen unterwegs sind und vor allem durch Flanken Tore vorbereiten.

1. **Michael Ballack (FC Chelsea London) ist ein Mittelfeldspieler, der sich durch große Torgefährlichkeit auszeichnet.**
2. **Günter Netzer war in den 1970er-Jahren einer der kreativsten deutschen Mittelfeldspieler.**
3. **Diego ist einer der weltbesten Mittelfeldspieler.**
4. **Zinedine Zidane führte im Mittelfeld glänzend Regie.**

Beispiel Diego

Einer der besten Mittelfeldspieler ist der Brasilianer Diego, der seit 2009 für Juventus Turin spielt und zuvor im Mittelfeld Werder Bremens Regie führte. Mit seinem enormen Ballgefühl und seiner Übersicht dirigiert er das Spiel seiner Mannschaft im Mittelfeld und sucht dabei auch selbst immer wieder erfolgreich den Torerfolg. Diego wurde 1985 in Ribeirao Preto in Brasilien geboren.

Überzahl schaffen

Im modernen Fußball sind alle Spieler ständig in Bewegung – auch ohne Ball. Es ist völlig normal, dass Verteidiger den Ball im Mittelfeld nach vorn treiben und Mittelfeldspieler Aufgaben in der Abwehr übernehmen. Stets hat die Mannschaft einen Vorteil, deren Spieler sich in der Nähe des Balles in Überzahl befinden. Dadurch sieht sich ein Angreifer oft sogar mehreren Gegenspielern gegenüber. Gleichzeitig ist kein Spieler frei, den er anspielen kann. Um Überzahl zu erreichen, müssen die Spieler ständig laufen und sich bewegen. Erkämpft sich ein Spieler vom gegnerischen Stürmer den Ball und dribbelt durch das

TAKTIK-TIPPS

Für das Spiel mit dem Ball:
- Passen geht vor Dribbeln.
- Spiele niemals vor dem eigenen Strafraum quer.
- Gehe in der eigenen Spielhälfte kein Risiko ein. Sicherheit hat Vorrang.
- In der gegnerischen Spielhälfte kannst du auch einmal etwas riskieren. Hier geht Risiko vor Sicherheit.
- Achte immer darauf, wo freie Mitspieler stehen. Beim Ballgewinn solltest du schon im Kopf haben, wohin du passen könntest.
- Schalte bei Ballverlust sofort auf Balleroberung und Abwehr um.

Für das Spiel ohne Ball:
- Der Spieler ohne Ball bestimmt die Richtung und den Augenblick des Anspiels.
- Laufe immer auf den ballführenden Spieler zu. Versuche, Mitspielern das Anspiel auf dich so leicht wie möglich zu machen.

Mittelfeld, setzt ihm sofort der Stürmer nach, während ihm gleichzeitig schon ein Außenverteidiger und vielleicht sogar noch ein Spieler aus dem Mittelfeld entgegenkommen und damit unter Druck setzen. Da im Mittelfeld jetzt Raum frei wird, rückt ein Mittelfeldspieler von der anderen Seite nach, um diesen Bereich zu sichern. In der Offensive hat ein ballführender Spieler bei Überzahl immer einen oder mehrere Anspielpartner.

So spielt ein guter Angriff

Aufgabe der Stürmer ist es, Tore zu schießen. Dabei reicht es aber nicht, einfach nur vor dem Tor zu warten. Ein guter Stürmer muss sehr viel laufen, mit seinen Sturmpartnern zusammenspielen und vor allem mitdenken, will er als Torschütze erfolgreich sein.

Laufarbeit und Übersicht

Klassische Mittelstürmer wie Gerd Müller oder Uwe Seeler waren extrem schnell, kraftvoll und wendig. Sie lauerten im Bereich des Elfmeterpunktes auf den Ball, um ihn dann blitzschnell im Netz zu versenken. Dabei waren sie auf gute Flanken und Pässe angewiesen. Der „Zug zum Tor" ist auch heute noch wichtig.

Darüber hinaus haben moderne Stürmer aber weit mehr Aufgaben. Sie tauschen häufig ihre Positionen mit Mittelfeldspielern oder ihren Sturmpartnern, um so die gegnerische Abwehr zu verwirren. Beim Pressing müssen Stürmer auch Abwehraufgaben übernehmen. Dazu kommt, dass die Laufarbeit stark gestiegen ist. Eine Mannschaft kann in der Offensive nur flüssig kombinieren und die Stürmer mit Flanken und Pässen versorgen, wenn sie Überzahlsituationen schafft. Dazu ist viel Laufarbeit nötig, an der sich auch die Stürmer beteiligen.

Neues von der Trainerbank

„Wunderbar, wie er seinen Körper zwischen sich und den Gegner schiebt."

Udo Lattek

Direkt Richtung Tor

Neben einer guten Technik braucht ein guter Stürmer aber auch einen ausgeprägten Willen zum Torerfolg. Bekommt er den Ball, muss er konsequent und direkt das Tor suchen. Wer zu sehr in den Ball verliebt ist, gern lange dribbelt und noch einen Haken spielt, wo keiner nötig wäre, befindet sich als Stürmer nicht auf der richtigen Position.

❶ **Grafite (VfL Wolfsburg) wurde in der Saison 2008/09 Torschützenkönig der Bundesliga und erhielt dafür die Torjägerkanone.**

❷ **Nationalstürmer Mario Gomez streckt sich hier vergeblich nach dem Ball.**

❸ **Der torgefährliche Vedad Ibisevic (TSG 1899 Hoffenheim) gewinnt ein Kopfballduell.**

❹ **Gerd Müller war der erfolgreichste deutsche Torjäger aller Zeiten.**

TIPPS FÜR STÜRMER

- Als Stürmer solltest du in jeder Sekunde des Spiels wissen, wo sich das Tor befindet. Rechne immer damit, den Ball zu bekommen. Platziere dich immer so, dass du optimal das Tor treffen könntest. Dazu kannst du dir ein Dreieck vorstellen, das sich ständig verschiebt und dessen drei Eckpunkte aus dem Tor, dir und dem Ball bestehen.

- Wenn dich ein Gegner deckt, musst du dich von ihm lösen, um anspielbar zu sein. Löse dich immer blitzartig und explosiv. Nur so kannst du deinen Gegenspieler überraschen.

- Als Stürmer kannst du deinen Mitspielern mit Handzeichen Laufwege anzeigen und signalisieren, ob du zum Beispiel zum langen oder kurzen Pfosten läufst. So wissen sie, wohin sie flanken müssen. Diese Zeichen solltet ihr im Training üben.

Fangen, hechten, fausten: der Torwart

Der Torwart ist einer der wichtigsten Spieler jeder Mannschaft. Hält er gut, kann er ganz allein einen Sieg retten oder eine Niederlage verhindern. Andererseits kann schon ein einziger Torwartfehler eine Niederlage für eine sonst gute Mannschaft bewirken.

Die Grundstellung

Ein gutes Torwartspiel beginnt mit dem Stand und der Grundstellung. Sobald die gegnerischen Spieler auf dich zukommen, solltest du die Grundstellung einnehmen. Dabei stehen die Füße schulterbreit, deine Arme befinden sich vor dem Körper und der Oberkörper ist leicht nach vorn gebeugt.

Achte darauf, dass dein Gewicht auf die Vorderfüße verlagert ist. Nur so kannst du blitzschnell auf jeden Schuss des Gegners reagieren.

Den Ball fangen und sichern

Der Torwart darf als einziger Spieler seiner Mannschaft den Ball im eigenen Strafraum mit den Händen berühren. Die wichtigste Technik des Keepers ist das Fangen. Dabei nimmst du den Ball mit beiden Händen auf – bei flachen Schüssen genauso wie bei Schüssen in Brusthöhe oder bei Bällen, die sich aus größerer Höhe auf dich herabsenken. Achte beim Fangen immer darauf, den Ball anschließend sofort an die Brust zu zie-

hen und ihn dort mit beiden Händen festzuhalten und kurz zu sichern. So verhinderst du, dass dir der Ball nach der Annahme aus den Händen rutscht und dann doch noch ins Tor rollt. Das kann leicht passieren, wenn der Ball feucht ist.

Immer hinter dem Ball stehen

Beim Fangen solltest du als Torwart immer hinter dem Ball stehen. Fange ihn also nie seitlich des Körpers. Gehe stattdessen einen

1 **In der Grundstellung beobachtet der Torwart das Spielgeschehen.**
2 **So werden hohe Bälle gefangen: Daumen und Zeigefinger der beiden Hände bilden ein Dreieck.**
3 **Bei Flachschüssen geht der Torwart tief herunter und bringt seinen Körper hinter den Ball.**

MODERNER SCHLUSSMANN

Diego Benaglio, Torwart der Schweizer Nationalmannschaft und des VfL Wolfsburg, ist ein vorbildlicher moderner Schlussmann. Der 1983 geborene Keeper überzeugt mit schnellen Reflexen auf der Linie genauso wie mit guter Strafraumbeherrschung.

Torwart Diego Benaglio (VfL Wolfsburg) dirigiert seine Abwehr.

Schritt zur Seite, sodass du dich beim Fangen hinter dem Ball befindest. Ein glatter oder besonders scharf geschossener Ball, der dir eventuell durch die Hände gleitet, prallt dann gegen deinen Körper und rutscht nicht gleich ins Tor.

Als einziger Spieler darf der Torwart im eigenen Strafraum den Ball in die Hand nehmen. Von dieser Regel gibt es jedoch eine Ausnahme. Wenn es sich um einen mit dem Fuß gespielten Rückpass oder Einwurf eines Mitspielers handelt, darf der Torwart den Ball nicht mit der Hand berühren, sondern muss ihn mit dem Fuß spielen. Nimmt er ihn trotzdem in die Hand, gibt es einen indirekten Freistoß. Durch die Rückpassregel sollen absichtliche Spielverzögerungen verhindert werden.

Hechten

Bei manchen Bällen musst du hechten, um sie noch zu erreichen und ein Tor zu verhindern. Bei seitlichen Flachschüssen senkst du deinen Körper zunächst in den Knien ab, bevor du vom Boden schnellst. Ein Torwart beim Hechtsprung in der Luft sieht sehr spektakulär aus. Auch beim Hechten ist es am besten, den Ball sicher zu fangen. Erst wenn das nicht mehr möglich ist, lenkst du den Ball während des Fluges neben oder über das Tor. Dazu machst du dich ganz lang und streckst die Finger aus. Nimm niemals die Faust zur Ballabwehr, wenn du in eine der Torecken springst. Erstens ist deine

Torwart Manuel Neuer zeigt eine spektakuläre Abwehrparade.

Reichweite mit ausgestreckten Fingern größer, zweitens könnte es dir sonst passieren, dass du dir den Ball selbst ins Netz drückst.

Fausten

Beim Fausten verpasst du dem Ball mit der Faust einen wuchtigen Stoß. Du kannst mit einer Hand fausten. Nimmst du beide Hände, ist die Wucht größer. Gefaustet wird immer in besonders brenzligen Situationen, in denen der Ball möglichst schnell aus dem Gefahrenbereich gebracht werden soll. Das ist beispielsweise dann nötig, wenn sich der Ball in der Luft befindet und ein gegnerischer Angreifer auf einen Kopfball lauert. Gefaustet wird meist nach Ecken und hohen Flanken.

Hier kann der Torwart nur noch mit einer schnellen Faustabwehr reagieren.

NIE IN DIE MITTE!

Fauste den Ball nie in Richtung Spielfeldmitte, sondern immer zum Spielfeldrand hin. Wenn du ihn zur Spielfeldmitte faustest, ist die Wahrscheinlichkeit groß, dass er einem Angreifer direkt vor die Füße fällt. Eine bessere Schussposition kann es für diesen nicht geben.

Die Abwehr dirigieren

Als Torwart darfst du nicht zögern, deine Mitspieler lautstark auf dem Spielfeld zu dirigieren. Vom Tor aus hast du einen besonders guten Überblick über das Spiel. Greift die gegnerische Mannschaft an, gibst du – falls nötig – den Abwehrspielern deutlich vernehmbare und klare Anweisungen. Das gilt auch bei Frei- und Eckstößen. Hast du den Ball gefangen, musst du ihn wieder klug ins Spiel bringen. Abwürfe sind zielgenauer als weite Abschläge. Mit diesen beförderst du den Ball weit in die gegnerische Hälfte.

Kaum zu glauben

Um erfolgreich zu sein, entwickeln manche Torhüter außergewöhnliche Techniken. 1995 hielt der kolumbianische Torwart René Higuita einen Ball, indem er sich auf der Torlinie nach vorn auf die Hände fallen ließ und den Ball kopfüber mit beiden Hacken abwehrte. Die spektakuläre Parade wurde als „Skorpion-Kick" berühmt.

Freistöße und Gelbe Karten:
Foulspiel und Bestrafung

Gegen die Spielregeln verstößt du beim Fußball besser nicht. Sonst bestraft dich der Schiedsrichter und die gegnerische Mannschaft erhält möglicherweise einen Freistoß. Bei schweren Regelverletzungen musst du außerdem mit einer Gelben oder gar Roten Karte rechnen – und damit das Spielfeld verlassen.

Der Schiedsrichter zeigt nach einem groben Foulspiel die Rote Karte. Der Spieler muss das Spielfeld verlassen.

Der Freistoß

Fußball soll Spaß machen. Deshalb müssen alle fair spielen und niemand darf die Gesundheit eines anderen gefährden. Aus diesem Grund gibt es Spielregeln, auf deren Einhaltung der Schiedsrichter achtet. Er ahndet Fouls und unsportliches Verhalten der Spieler mit einem Freistoß. Einen direkten Freistoß gibt der Schiedsrichter, wenn er sieht, dass ein Spieler fahrlässig, rücksichtslos oder mit unverhältnismäßigem Körpereinsatz

- einem Gegenspieler das Bein stellt oder es versucht,
- ihn tritt oder es versucht,
- ihn rempelt,

Gilt der Angriff der Gegenspielerin und nicht dem Ball, ist das ein klares Foul.

- ihn anspringt,
- ihn schlägt oder es versucht,
- ihn stößt,
- ihn im Kampf um den Ball beim Tackling vor dem Ball berührt,
- ihn anspuckt,
- ihn festhält oder
- den Ball absichtlich mit der Hand spielt.

STRAFSTOSS

Ereignet sich einer der zehn Regelverstöße im Strafraum einer verteidigenden Mannschaft, so ist das besonders schlimm. Denn dann erhält die andere Mannschaft einen Strafstoß, der auch als Elfmeter bezeichnet wird. Sehr oft wird daraus dann ein Tor!

Treten

Spucken

Halten

Aufstützen

Beleidigen

Beinstellen

Bei Freistößen müssen alle Gegenspieler mindestens 9,15 m vom Ball entfernt sein, bevor dieser gespielt wird. Der Ball ist im Spiel, wenn er mit dem Fuß berührt wurde und sich bewegt. Bei einem direkten Freistoß darf der Ausführende den Ball direkt auf das Tor der gegnerischen Mannschaft schießen. Das ist oft eine gute Torchance. Die Spieler der verteidigenden Mannschaft bilden dann eine Mauer, damit der Schütze nicht so leicht das Tor treffen kann. Mit einem indirekten Freistoß kann nur dann ein Tor erzielt werden, wenn der Ball vor Überschreiten der Torlinie noch von einem anderen Spieler berührt wurde.

Bei einem Freistoß bilden die Spieler eine Mauer, um ihr Tor zu schützen.

Kaum zu glauben

Der Spieler mit den meisten Platzverweisen in der Bundesliga ist Jens Nowotny (Bayer 04 Leverkusen). Er kassierte während seiner Karriere insgesamt acht Rote Karten.

Der indirekte Freistoß

Neben direkten Freistößen kann der Schiedsrichter auch indirekte Freistöße verhängen. Es gibt sie, wenn der Torwart

- den Ball mit der Hand berührt, den ihm ein Mitspieler mit dem Fuß absichtlich zugespielt hat,
- den Ball mit der Hand berührt, den ihm ein Mitspieler per Einwurf zugeworfen hat,
- den Ball länger als sechs Sekunden in den Händen hält, bevor er ihn für das Spiel freigibt,
- den Ball, den er gerade erst für das Spiel freigegeben hat, mit der Hand berührt, bevor ihn ein anderer Spieler berührt.

Auch Feldspieler können indirekte Freistöße verursachen. Das ist zum Beispiel der Fall, wenn sie

- den Lauf eines Gegners behindern,
- gefährlich spielen,
- den Torwart daran hindern, den Ball aus seinen Händen freizugeben.

Die Gelbe Karte

Der Schiedsrichter kann einem Spieler auch die Gelbe Karte zeigen und ihn damit verwarnen. Das macht er, wenn ein Spieler

- sich auf dem Spielfeld unsportlich verhält,
- gegen eine Entscheidung des Schiedsrichters protestiert oder reklamiert,
- schon häufiger gegen die Spielregeln verstoßen hat,
- die Wiederaufnahme des Spiels verzögert,
- den vorgeschriebenen Abstand bei einem Freistoß oder Eckball nicht einhält,

TORJUBEL

Natürlich dürfen sich Spieler freuen, wenn sie ein Tor geschossen haben. Doch Jubel und Freude sollen nicht übertrieben werden, weil sonst unnötig Zeit verloren geht. Deshalb gibt es auch dafür Regeln. So ist es zwar erlaubt, im Torjubel das Spielfeld kurz zu verlassen, doch verboten ist:

- am Sicherheitszaun, der das Spielfeld von den Zuschauerrängen trennt, hochzuklettern,
- das Trikot auszuziehen,
- mit dem Trikot das Gesicht zu bedecken,
- höhnische, aufhetzende oder provozierende Gesten zu machen.

Kommt es dennoch dazu, verwarnt der Schiedsrichter die betreffenden Spieler mit der Gelben Karte.

- das Spielfeld betritt oder wieder betritt, ohne dass der Schiedsrichter das erlaubt hat,
- das Spielfeld absichtlich ohne Erlaubnis des Schiedsrichters verlässt.

Die Rote Karte

Der Schiedsrichter zeigt einem Spieler die Rote Karte, wenn er

- ein grobes Foulspiel begeht,
- gewalttätig spielt,
- einen Spieler oder eine andere Person anspuckt,
- ein Tor durch absichtliches Handspiel verhindert,
- ein mögliches Tor durch ein Foul verhindert,

- anstößige, beleidigende oder schmähende Äußerungen mit Worten oder Gesten macht,
- er im gleichen Spiel eine zweite Gelbe Karte erhält.

DER SCHIEDSRICHTER HAT IMMER RECHT!

Wer gegen eine Entscheidung des Schiedsrichters protestiert, erhält die Gelbe Karte. Jeder Spieler, der den Schiedsrichter angreift oder beleidigt, wird sofort des Feldes verwiesen.

Protest gegen eine umstrittene Entscheidung des Schiedsrichters

Schlägereien erlaubt: aus der Geschichte des Fußballs

Die Gründung der Football Association (FA) 1863 in London gilt heute als Geburtsstunde des modernen Fußballs. Spiele, bei denen der Ball auch mit dem Fuß getreten wurde, kannten die Menschen auf allen Kontinenten aber schon sehr viel länger.

Die Anfänge in Deutschland

Im Mittelalter war in Deutschland Osterball beliebt, das von zwei Mannschaften gespielt wurde. Ein Team schoss den Ball zunächst über die Dorfkirche. Das andere musste den Ball fangen und durch das Stadttor befördern. Dies sollten die Spieler des ersten Teams verhindern, indem sie versuchten, den Ball zu erobern. Gelang ihnen das, begann das Spiel neu. Während des Spiels herrschte in den Städten und Dörfern eine begeisterte Stimmung.

Wurzeln im alten Griechenland

Auch im antiken Griechenland spielten die Menschen eine frühe Form des Fußballs. Das Spiel, eine Art Ballschlacht, wurde als Sphairomachia bezeichnet. Dabei kämpften zwei Mannschaften unterschiedlicher Stadtbezirke um den Ball. Prügeleien gehörten dazu. Bei Regelverstößen gab es keine Rote Karte: Der schuldige Spieler wurde ausgepeitscht!

**Schraub-
stollenschuh
„Brasil" der Firma
Puma aus dem Jahr 1954**

Als die ersten Siedler aus Europa nach Amerika gekommen waren, entdeckten sie im Osten des Landes Ureinwohner beim Ballspiel. Das Spiel hieß Pasuckquakkohowog und wurde bei Ebbe auf dem harten Sand im Watt des Meeres ausgetragen. Der Gebrauch von Waffen war verboten. Unter den Indianern Nordamerikas gab es zahlreiche Stämme, die Ballspiele kannten.

Calcio

Im 16. Jahrhundert spielte der Adel in Italien Calcio – ein fußballähnliches Spiel. Anhänger einer offensiven Spielweise hätten daran noch heute ihre helle Freude. Es gab zwei Mannschaften mit jeweils 27 Spielern.

Davon wurden 15 als Stürmer eingesetzt. Ziel war es, den Ball entweder über eine Linie oder in ein Tor zu befördern. Für das Spiel wurden bereits luftgefüllte Lederbälle benutzt. Der Ball durfte aber auch mit den Händen getragen oder gespielt werden.

Entwicklung der Regeln

Als die Football Association (FA) 1863 in London gegründet wurde, galten noch nicht die Regeln, die es heute gibt. Ganz im Gegenteil. Viele Regelungen, die heute selbstverständlich sind, wurden erst viel später eingeführt.

Jahr	Eingeführte Neuerung
1870	Eine Mannschaft hat elf Spieler. Zuvor waren es bis zu 20.
1872	Einheitliche Ballgröße
1874	Neutraler Schiedsrichter
1878	Eine Trillerpfeife für den Schiedsrichter
1881	Der Elfmeter
1882	Der Einwurf mit beiden Händen
1904	Die Hosen der Spieler müssen nicht mehr die Knie bedecken.
1970	Gelbe und Rote Karte
1992	Rückpassregel

❶ Szene aus dem Endspiel um die deutsche Meisterschaft 1921 zwischen dem 1. FC Nürnberg und Vorwärts 90 Berlin
❷ Die Titelseite der Zeitschrift „Die Fußballwoche" von Oktober 1942 zeigt den Nationalspieler Fritz Walter.
❸ Die Mannschaft von Hertha BSC in der Saison 1927/28

Der Rasen kommt per Lkw: das Fußballstadion

Eine Wiese oder einen Hinterhof, dazu einige Markierungen für die Tore und einen Ball: Mehr brauchst du eigentlich nicht, um Fußball mit deinen Freunden zu spielen. Die Spiele der Profimannschaften finden natürlich unter ganz anderen Bedingungen statt: in riesigen Fußballstadien, von denen manche 100 000 Zuschauer fassen.

DER RASEN

Im Fußballstadion wird der Rasen nicht angesät wie in einem Garten. Er wächst zunächst ein Jahr auf den Feldern spezieller Firmen weit weg vom Stadion. Dort schälen ihn dann große Maschinen vom Boden. Sie wickeln den Rasen zu großen Rollen, die mit Lkws ins Stadion gebracht werden. Hier wird der Rasen wieder ausgerollt und wie ein Teppich verlegt. Das dauert zwei oder drei Tage. Der Rasen kann danach sofort bespielt werden.

Spielfeld und Rasen

Im Zentrum eines jedes Stadions befindet sich das Spielfeld. Es besteht in fast allen Stadien aus Naturrasen. Wenn Profifußballer regelmäßig darauf spielen, ist der Rasen oft schon nach kurzer Zeit nicht mehr gut bespielbar und muss erneuert werden. Und damit auch im Winter bei Schnee und Eis ideale Spielbedingungen auf dem Fußplatz herrschen, gibt es in vielen Stadien eine Rasenheizung.

Die Tribünen

Rund um das Spielfeld befinden sich die Zuschauertribünen. Die Stadien der Bundesliga bieten Platz für etwa 20 000 bis 80 000 Besucher. Heute

gibt es in Fußballstadien überwiegend Sitz-plätze, aber auch Stehplätze sind zu finden. Außerdem gibt es spezielle Plätze für die Arbeit von Zeitungsreportern oder Kommentatoren des Hörfunks und Fernsehens.

Restaurants und Kabinen

Neben den Sitz- und Stehplätzen auf der Tribüne gibt es in den großen Stadien auch noch Restaurants, Kioske und natürlich Räume für die Mannschaften, Trainer und Schiedsrichter sowie Arztzimmer, Massageräume und Duschen, damit die Fußballer vor, während und nach dem Spiel stets gut versorgt sind.

❶ Blick auf den Pressebereich des Dortmunder Signal-Iduna-Parks
❷ Der Platzwart bessert schadhafte Stellen des Spielfeldrasens aus.
❸ Die Spielfeldlinien müssen immer wieder nachgezogen werden, damit sie gut zu erkennen sind.

Blick in den 83 000 Zuschauer fassenden Dortmunder Signal-Iduna-Park

Das größte Fußballstadion Deutschlands ist der Signal-Iduna-Park in Dortmund (Westfalenstadion). Dort können 83 000 Besucher zuschauen. Es gibt jedoch noch größere Stadien. Im Maracanã-Stadion von Rio de Janeiro (Brasilien) wurde 1950 das WM-Endspiel vor 199 854 Menschen ausgetragen. Mittlerweile wurde das Stadion mehrfach umgebaut und verkleinert. Heute fasst es „nur" noch rund 96 000 Besucher. Weltweit ist gegenwärtig das Azteken-Stadion in Mexiko City (Mexiko) die größte Arena. Dort wurden 1970 und 1986 die Endspiele der Weltmeisterschaft ausgetragen. Das Stadion bietet Platz für 105 000 Zuschauer. Das größte Stadion Europas ist das Nou Camp in Barcelona (Spanien), das 98 600 Plätze besitzt.

Berufe rund um den Fußball

Spieler und Trainer: Das sind nur zwei Berufe, die mit dem Fußball zu tun haben. Doch es gibt noch mehr Berufe, bei denen sich alles um das Fußballspiel dreht.

Der Manager

Der Manager gehört zu den wichtigsten Angestellten eines Fußballvereins. Er ist für die Gehälter und die Gestaltung der Verträge der Spieler zuständig. Der Manager verhandelt mit anderen Vereinen über Spielerwechsel und Ablösesummen – und arbeitet dabei eng mit dem Trainer zusammen.

Der Busfahrer

Liegt der Spielort für das nächste Auswärtsspiel nicht allzu weit entfernt, wird für die Reise dorthin meist ein Bus benutzt. Bei vielen Mannschaften steuert immer der gleiche Fahrer den Bus, der bei einem Busunternehmen angestellt ist. Fährt er nicht die Fußballmannschaft, kann es sein, dass er vielleicht bei einem Schulausflug euren Bus steuert.

Handwerker gehören auch dazu

Fußballvereine beschäftigen auch Handwerker. Klar, denn in einem Fußballstadion gibt es Tausende Stromkabel, Wasserrohre und viele andere komplizierte Anlagen. Wenn mal plötzlich etwas kaputtgeht, reparieren es die Stadiontechniker. Ihre Aufgaben sind sehr vielfältig und reichen vom Flutlicht bis zum Fußballschuh. Als sich Per Mertesacker in Bremen einmal den Fuß verletzte, wurde einer der Techniker gerufen. Er musste den Schuh so aufschneiden, dass der verletzte Zeh geschont wurde.

1. **Fotografen belagern vor Spielbeginn die Trainerbänke.**
2. **Ein Bundesligaspiel wird im Fernsehen übertragen. Am Mikrofon: Marcel Reif.**
3. **Ein Kameramann macht die Bilder für das Fernsehen.**
4. **An den Spieltagen sorgt die Polizei für Ordnung und Sicherheit, manchmal sogar hoch zu Ross.**
5. **Für Reparaturarbeiten müssen sich Arbeiter manchmal auch an den steilen Tribünenwänden abseilen.**
6. **Der Busfahrer des VfB Stuttgart, Rolf Geissler, fährt seine Mannschaft zu den Spielen, ins Hotel oder zum Flughafen.**

BERUFE RUND UM DEN FUSSBALL

Vereinsarzt Kümmert sich um Verletzungen und Beschwerden der Spieler.

Physiotherapeut Fördert den Heilungsprozess verletzter Spieler.

Fanbeauftragter Kümmert sich um die Wünsche und Sorgen der Fans und bildet eine Schnittstelle zwischen dem Verein und dessen Anhängern.

Trainingsanalytiker Analysiert Fußballspiele und liefert den Trainern damit wichtige Informationen für ihre Arbeit.

Reporter Berichtet über Fußballspiele für Zeitungen, Radio oder Fernsehen.

Fotograf Macht Fotos der Höhepunkte für Illustrierte und Zeitungen.

Kameramann Zeichnet das Spiel für das Fernsehen auf.

Zeugwart Kümmert sich um die Ausrüstung, die Spieler und Trainer für das Training und das Spiel brauchen.

Pressesprecher Macht die Öffentlichkeitsarbeit des Vereins.

Archivar Sammelt Unterlagen und Gegenstände der Vereinsgeschichte und präsentiert sie in einem Vereinsmuseum oder in Ausstellungen.

Greenkeeper Pflegt den Rasen im Stadion.

Fußball von morgens bis abends: Training bei den Profis

Wer in der E- oder D-Jugend spielt, geht vermutlich ein- oder zweimal wöchentlich zum Training. Dazu kommt ein Spiel am Wochenende. Bei den Profis, deren Beruf das Fußballspielen ist, sieht das ganz anders aus. Sie trainieren beinahe täglich, und das oft morgens und nachmittags.

Eine Arbeitswoche

Angenommen, eine Bundesligamannschaft hatte am Samstag ein Heimspiel. Dann könnte der Ablauf der folgenden Woche etwa so aussehen: Am Sonntag trifft sich die Mannschaft mit dem Trainer um 10 Uhr zu einer Besprechung des Spiels vom Vortag. Anschließend findet ein leichtes Training statt. Montags ist frei. Am Dienstag trainiert die Mannschaft am Vor- und Nachmittag. Vormittags steht Training von Kraft, Schnelligkeit, Ausdauer und Koordination auf dem Programm. Am Nachmittag übt die Mannschaft das Umschalten von Abwehr auf Angriff und umgekehrt, weil das beim letzten

Spiel nicht so gut klappte. Am Mittwoch findet nur nachmittags ein Training statt: Die Spieler studieren taktische Laufwege ein. Am Donnerstag muss wieder vor- und nachmittags trainiert werden. Vormittags absolvieren die Spieler Fitnessübungen, die individuell auf jeden Spieler zugeschnitten sind. Am Nachmittag stehen Flankenläufe und Torschüsse auf dem Programm. Am Freitag findet nachmittags ein Geheimtraining ohne Presse und Zuschauer statt. Dabei werden besondere Spielzüge für die kommende Begegnung und Freistoßvarianten geübt.

Der Tagesablauf

An einem normalen Trainingstag müssen die Spieler um 9 Uhr auf dem Trainingsgelände sein. Um 9.30 Uhr beginnt das Training, das bis 11 Uhr dauert. Danach können die Spieler duschen und sich massieren lassen. Um 12 Uhr beginnt die Mittagspause. Viele Spieler fahren zu ihren Familien nach Hause, andere bleiben zum Essen im Ver-

einsheim. Nach dem Essen nutzen manche Spieler die Zeit für einen Mittagsschlaf oder machen kleinere Besorgungen. Von 15.30 bis 17 Uhr findet dann ein zweites Training statt. Anschließend erhalten die Spieler individuelle Massagen, gehen in die Sauna oder absolvieren ein spezielles Gymnastikprogramm. Es folgt das Abendessen, nach dem die meisten Spieler früh zu Bett gehen.

1 **Spieler des VfB Stuttgart bei einem Konditionstest.**
2 **Die deutsche Nationalmannschaft übt mit dem Ball.**
3 **Philipp Lahm stemmt beim Trainingslager die Gewichte.**
4 **Auch Profis wie Andreas Beck müssen das Balancieren mit dem Ball immer wieder üben.**
5 **Trainer Louis van Gaal vom FC Bayern München beobachtet seine Spieler bei Dehnübungen.**
6 **Ein Physiotherapeut sorgt dafür, dass die Spieler fit bleiben oder es schnell wieder werden. Hier wird Arne Friedrich von Hertha BSC behandelt.**

BEIM TRAINING ZUSCHAUEN

Du kannst dir die Übungen der Profis anschauen. Das Training der Bundesligavereine findet meist öffentlich statt. Dabei siehst du die Spieler aus der Nähe, kannst genau beobachten, was sie machen, und vielleicht nach dem Training ein Autogramm bekommen. Die Trainingszeiten sind oft auf der Homepage der Vereine zu erfahren.

Ein Spieltag
in der Bundesliga

Der Spieltag ist der Höhepunkt der Woche für jede Fußballmannschaft. Alle Teams wollen natürlich gewinnen, zumal bei einem Heimspiel – aber möglichst auch auswärts. Damit das klappt, muss auch dieser Tag gut organisiert sein.

Am Spieltag

Jeder Trainer besitzt seine eigenen Erfolgs-rezepte. Dennoch verläuft ein Spieltag bei vielen Profi-Fußballmannschaften ähnlich. Zunächst findet am Freitagnachmittag das Abschlusstraining der Woche statt. An-schließend fährt die Mannschaft gemein-sam in ihr Hotel. Hier isst die Mannschaft um 19.30 Uhr zu Abend. Danach treffen sich Spieler und Trainer zu einer Vorbesprechung für das Spiel. Dabei werden häufig auch Vi-deoanalysen der gegnerischen Mannschaft gezeigt. Danach gehen die Spieler auf ihre Zimmer – wobei der Trainer oft noch die Gelegenheit zu Einzelgesprächen mit den Spielern nutzt. Um 23 Uhr ist Bettruhe.

Am nächsten Morgen frühstückt die Mannschaft um 9 Uhr gemeinsam. Es schließt sich ein Spaziergang an, bei dem der Trainer mit einzelnen Spielern deren Aufgaben für das kommende Spiel bespricht. Um 11.30 Uhr gibt es ein Mittagessen mit einer anschließenden Ruhepause, bevor um

Vor ausverkauften Rängen wird in der Allianz-Arena in München ein Bundesligaspiel ausgetragen.

Nach dem Spiel verabschieden sich die Spieler von den Fans und bedanken sich für ihre Unterstützung.

13.30 Uhr eine letzte Spielbesprechung stattfindet. Um 14 Uhr fährt die Mannschaft ins Stadion. Hier machen sich die Spieler auf dem Rasen warm. Um 15.30 Uhr pfeift der Schiedsrichter das Spiel an.

Nach der Begegnung steht noch die Regeneration für die Mannschaft auf dem Programm. Die Spieler laufen sich auf dem Rasen aus, nutzen vielleicht noch die Radtrainer in den Fitnessräumen des Stadions, erhalten Massagen und – falls erforderlich – eine erste Behandlung ihrer Verletzungen oder Blessuren. Anschließend haben die Spieler frei und fahren nach Hause.

In der Halbzeitpause

Und was passiert während der Halbzeitpause in der Kabine? Die Spieler erhalten zunächst eine kurze Erholungsphase, während der sie etwas trinken können oder sich vom Physiotherapeuten behandeln lassen. Anschließend analysiert der Trainer kurz das bisherige Spiel. Darauf stellen die Spieler ihre Sicht des Spielverlaufes dar. Meist entwickelt sich nun eine kurze Diskussion.

Dann fasst der Trainer die wichtigsten Erkenntnisse zusammen und motiviert die Mannschaft. Und schon geht es wieder raus auf das Spielfeld.

❶ **Erschöpft, aber froh über ein gewonnenes Spiel: Jubel nach dem Schlusspfiff**
❷ **Besondere Siege werden auch an ungewöhnlichen Plätzen gefeiert.**

Gewinnen ist nicht alles:
Aufgaben des Trainers

Der Trainer kann enormen Anteil am Erfolg einer Fußballmannschaft haben. Bei den großen Profivereinen stehen die Trainer daher genauso im Brennpunkt des Interesses wie die Stars unter den Spielern. Die weitaus meisten Fußballlehrer jedoch arbeiten abseits der Öffentlichkeit und betreuen Amateur-, Kinder- und Jugendmannschaften, wo sie teils ganz andere Aufgaben erfüllen als ihre berühmten Kollegen.

Profitrainer

Der Trainer einer Profimannschaft steht meist enorm unter Erfolgszwang und muss vor allem eines: Spiele gewinnen. Verliert seine Mannschaft mehrmals hintereinander, wird er schnell entlassen und verliert seinen Arbeitsplatz. Um zu gewinnen, muss

er zunächst einmal ein exzellenter Fußballexperte sein. Er kennt die Spieler seiner eigenen Mannschaft und die des jeweiligen Gegners genau. Ein guter Trainer verfolgt außerdem alle Veränderungen bei den gegnerischen Mannschaften und weiß immer, mit welchem System sie gerade spielen. Er bereitet das Training vor und leitet es. Daneben übt er mit dem Team Standardsituationen und Spielzüge. Der Trainer bestimmt die Taktik für ein Spiel und wählt die dafür geeignetsten Spieler aus. Daneben gehört zu seinen Aufgaben natürlich auch, dafür zu sorgen, dass sich die einzelnen Spieler optimal weiterentwickeln.

Jugendtrainer

Kinder- und Jugendmannschaften tragen ebenfalls Punktspiele aus und kämpfen um einen guten Platz in der Tabelle. Auch hier bestimmt der Trainer die Taktik der Mannschaft, wählt die Spieler für das nächste Match aus, übt Spielzüge, informiert sich über die gegnerischen Mannschaften und will möglichst viel Erfolg. Wichtiger als der sportliche Erfolg ist beim Kinder- und Jugendfußball jedoch die Ausbildung der jungen Spieler – denn nur auf diese Weise können aus Mädchen und Jungen mit viel Fußballtalent später einmal große Fußballkünstler werden. Je besser ein Juniorentrainer die jungen Spieler seiner Mannschaft

Blick auf die Bank mit den Ergänzungsspielern und Trainer Friedhelm Funkel in der Coaching-Zone

DIE COACHING-ZONE

Während des Spiels dürfen Trainer, Betreuer und Ergänzungsspieler die Coaching-Zone (auch technische Zone genannt) nicht verlassen. Sie erstreckt sich entlang der Wechselbank, reicht bis einen Meter an das Spielfeld heran und ist durch weiße Linien markiert.

fördert und entwickelt, desto besser hat er seine Aufgabe als Trainer verstanden. Dazu gehört auch, stets Begeisterung und Spaß am Fußball zu vermitteln – auch bei den Spielern, die zunächst vielleicht nicht zu den besten gehören. Das gilt in besonderem Maße für den Kinderfußball. Ein guter Kindertrainer lässt bei Punktspielen auch leistungsschwächere Kinder regelmäßig spielen. Und die Kinder haben bei ihm die Möglichkeit, verschiedene Positionen auszuprobieren und kennenzulernen – auch wenn dadurch einmal ein Spiel verloren geht.

❶ Trainer Holger Stanislawski vom FC St. Pauli gibt seinem Spieler Florian Bruns neue Anweisungen.

❷ Trainer Jürgen Klinsmann ärgert sich über eine vergebene Torchance.

❸ Gestenreich ruft Trainer Jürgen Klopp (BV Borussia Dortmund) seinen Spielern zu, was zu tun ist.

❹ Trainer Markus Babbel (VfB Stuttgart) fordert mehr Aufmerksamkeit.

❺ Besonders Nachwuchsfußballer brauchen die Ratschläge ihres Trainers.

Als Balljunge zu Bayern München: Philipp Lahm

Philipp Lahm ist heute einer der bekanntesten Fußballspieler in Deutschland und gehört seit einigen Jahren zur Nationalmannschaft. Er war fünf Jahre alt, als er mit dem Fußball in einem kleinen Verein anfing. Dort spielte er viele Jahre – bis er eine Chance bei Bayern München bekam.

Philipp Lahm als junger Abwehrspieler des FC Bayern München im Jahr 2002

Bei den Bambinis

Philipp Lahm wurde am 11. November 1983 in München geboren. Mit fünf Jahren nahm ihn ein Freund aus dem Kindergarten zum Fußballtraining der Bambinis der Freien Turnerschaft Gern mit. Das ist ein kleiner Verein – vielleicht wie der, in dem du Fußball spielst. Sein erstes Tor für die FT Gern schoss er in einem Spiel, das seine Mannschaft mit 20 : 1 verlor.

Philipp wird entdeckt

In Gern spielte Philipp viele Jahre Fußball. Er lernte stoppen, passen, schießen und dribbeln. Philipp war in der D-Jugend, als ihn der Jugendtrainer des FC Bayern München beobachtete. Der schaute gelegentlich zu, wenn die Fußballer der FT Gern kickten. Er erkannte das Talent des Jungen – und lud ihn ein, bei den Bayern zu spielen. Philipp aber wollte gar nicht. Immerhin hatte er viele Freunde in Gern.

Balljunge bei den Profis

Dennoch absolvierte Philipp ein Probetraining bei den Bayern. Und dann zog der Trainer einen Trumpf aus dem Ärmel: Philipp könnte als Balljunge bei den Spielen der Profis im Stadion arbeiten, falls er der Ju-

Philipp Lahm im Trikot des VfB Stuttgart bei einem Zweikampf mit Geremi (FC Chelsea London)

gendmannschaft beitreten würde. Philipp willigte ein und spielte in den nächsten Jahren in allen Jugendmannschaften des FC Bayern.

Erstes Profispiel

Schon während seines letzten Jahres in der A-Jugend gehörte Philipp Lahm zum Stamm der Regionalliga-Mannschaft Bayern Münchens. Nun wollte er Fußball-Profi werden. Im November 2002 spielte er – wenn auch nur kurz eingewechselt – zum ersten Mal in der Profimannschaft des FC Bayern. Danach wurde er für zwei Jahre an den VfB Stuttgart ausgeliehen. Hier bekam er seinen ersten Vertrag als Fußballprofi.

Die Stuttgarter Zeit

Bisher hatte Philipp Lahm immer rechts in der Abwehr oder im defensiven Mittelfeld gespielt. In Stuttgart wurde das anders. Der

damalige Trainer Felix Magath ließ den jungen Spieler auf der linken Abwehrseite spielen. Philipp Lahm steigerte sich enorm. Er spielte immer besser und gehörte bald zur Stammformation des VfB Stuttgart. Auch der Bundestrainer wurde auf ihn aufmerksam: Am 18. Februar 2004 stand Philipp Lahm erstmals in der Nationalmannschaft.

Der Nationalspieler

Heute ist Philipp Lahm aus der Nationalmannschaft nicht wegzudenken. Er wird meist als linker Außenverteidiger aufgestellt, kann aber auch auf anderen Positionen spielen. Typisch für ihn ist seine gute Spielübersicht und die Fähigkeit, sich auch in den Angriff mit einzuschalten.

Nationalspieler Philipp Lahm

Mächtig im Kommen:
Frauenfußball

Es ist noch gar nicht so lange her, da galt Fußball in Deutschland als Jungen- und Männersport. Die Zeiten sind längst vorbei. Die deutsche Frauenfußball-National-mannschaft und die Frauen-Bundesliga-vereine in Deutschland sind Spitzenklasse. Viele Spiele werden live im Fernsehen übertragen und die Bedeutung des Mäd-chen- und Frauenfußballs nimmt stetig zu.

Mädchen- und Jugenmannschaften

Wenn du heute als Mädchen mit dem Fuß-ballspielen in einem Verein beginnst, wirst du wohl in einem Team eingesetzt, in dem Mädchen und Jungen gemeinsam spielen. In vielen Vereinen gibt es aber auch schon E-Jugend-Mannschaften, in denen nur Mäd-chen spielen. Die Spielklassen unterschei-den sich nicht von denen der Jungen. Nur eine A-Jugend gibt es bei den Mädchen nicht. Wie die Männer spielen auch die Frauen in einer Bundesliga um die deutsche Meisterschaft.

Geschichte des Frauenfußballs

In Deutschland haben erst die jüngsten Er-folge der Nationalmannschaft dazu geführt, dass der Frauenfußball richtig populär wurde. Dabei haben Frauen schon lange vorher Fußball gespielt. Schon 1894 war in England eine Frauenfußballmannschaft unter dem Namen „British Lady Football Club" gegründet worden. Zum ersten Spiel kamen 10 000 Zuschauer. 1920 sahen 53 000 Zuschauer in Liverpool ein Spiel der

Bei den Olympischen Spielen in Peking gewann die deutsche Frauenfußball-Nationalmannschaft die Bronzemedaille.

1 Szene aus einem Frauenfußball-Länder-spiel von 1957 in Berlin. Deutschland schlug die Niederlande mit 2:0.
2 Birgit Prinz ist die erfolgreichste Fuß-ballerin Deutschlands.
3 Dieses Plakat warb 1976 für ein Frauen-fußballturnier.

berühmten Mannschaft „Dick Kerr's Ladies", bevor dann der Frauenfußball in England für einige Zeit verboten wurde. In Deutsch-land gründete sich 1930 der „Erste Deutsche Damen-Fußball-Klub", löste sich aber schon nach einem Jahr wieder auf. Erst 1970 wurde der Frauen-fußball vom DFB of-fiziell zugelassen. Seit 1974 spielen die Frauen um eine deutsche Meister-schaft.

Spieler-sprüche

„Wir diskutieren nicht ewig über Schiedsrichterentschei-dungen oder machen lange Schwalben und wälzen uns auf dem Boden rum."

Birgit Prinz zum Unterschied zwischen Frauen- und Männerfußball

DIE BISHERIGEN WM-ENDSPIELE BEI DEN FRAUEN

Jahr	Weltmeister	Endspiel-Gegner	Ergebnis
2007	Deutschland	Brasilien	2:0
2003	Deutschland	Schweden	2:1
1999	USA	China	5:4 n.V.
1995	Norwegen	Deutschland	2:0
1991	USA	Norwegen	2:1

DEUTSCHE MEISTER

2009	1. FFC Turbine Potsdam
2008	1. FFC Frankfurt
2007	1. FFC Frankfurt
2006	1. FFC Turbine Potsdam
2005	1. FFC Frankfurt
2004	1. FFC Turbine Potsdam
2003	1. FFC Frankfurt

Stürmerin mit Super-technik: Anja Mittag

Weltmeisterin, Europameisterin und Deutsche Meisterin – dazu noch DFB-Pokal-Siegerin und UEFA-Cup-Gewinnerin: Als Fußballerin hat Anja Mittag schon fast alle Titel gewonnen, die es gibt. Dabei steht die Stürmerin noch am Anfang ihrer Karriere.

In der F-Jugend

Begonnen hat die Fußballerkarriere der erfolgreichen Stürmerin 1991. Da war Anja Mittag gerade einmal sechs Jahre alt. Ihr

Anja Mittag (rechts vorn) und ihre Mannschaftskameradinnen vom 1. FFC Turbine Potsdam feiern 2006 den Gewinn des DFB-Pokals.

großer Bruder spielte bereits Fußball – das gefiel ihr und sie machte mit. Noch im gleichen Jahr trat sie der F-Jugend des VfB Chemnitz bei. In ihrer Mannschaft war sie das einzige Mädchen und spielte meist im Mittelfeld oder als Stürmerin.

Zum 1. FFC Turbine Potsdam

Beim VfB Chemnitz blieb Anja Mittag sechs Jahre lang. 1997 wechselte sie zum Chemnitzer FC, wo sie erstmals in einer Mädchenmannschaft spielte. 2002 schloss sie sich dem 1. FFC Turbine Potsdam an. Mit dieser Mannschaft wurde sie 2004, 2006 und 2009 Deutsche Meisterin. Mittlerweile war sie auch in die Nationalmannschaft berufen worden, mit der sie 2005 die Europameisterschaft und 2007 die Weltmeisterschaft gewann.

Tipps von Anja Mittag

„Talent ist wichtig, aber nicht alles", betont Anja Mittag, wenn man sie fragt, welche Eigenschaften eine gute Fußballerin haben sollte. Besonders wichtig sind Fleiß, Ehrgeiz, Durchhaltevermögen – und der Spaß am Spiel, „den eine junge Spielerin niemals verlieren sollte". Mit Blick auf die Technik empfiehlt

Anja Mittag (links) im Zweikampf mit der Stockholmerin Jenny Curtsdotter im UEFA-Cup-Finale 2005

sie allen Kindern, immer beidfüßig zu trainieren. Gerade im jungen Alter könne man daran arbeiten und vieles erreichen, was später nicht mehr so einfach zu erlernen sei. Darüber hinaus sollte man neben dem Sport niemals die Ausbildung vergessen. Ihr klare Meinung dazu: „Die Schule geht vor." Danach hat sie sich auch selbst gerichtet – und ist damit immerhin Weltmeisterin geworden.

Spielersprüche

„Mailand oder Madrid, Hauptsache Italien." *Andreas Möller*

STECKBRIEF

Name: Anja Mittag
geboren: 15. Mai 1985 in Karl-Marx-Stadt (heute Chemnitz)
Größe: 1,68 m
Gewicht: 60 kg
Position: Stürmerin
1. Länderspiel: 31. März 2004 gegen Italien
Schule: Realschulabschluss 2001
Ausbildung: Sport- und Fitnesskauffrau 2005
Beruf: Sachbearbeiterin
Erfolge: Weltmeisterin 2007, Europameisterin 2009, 2005, Bronzemedaille 2008, UEFA-Cup-Siegerin 2005, Deutsche Meisterin 2009, 2006, 2004, DFB-Pokal 2006, 2005, 2004

TOR!!!

Für eine Stürmerin ist es wichtig, Tore zu schießen. Anja Mittag erinnert sich noch heute an das erste Tor, das sie für ihren Verein erzielte. Das schaffte sie gleich in ihrem ersten Spiel. Es gab einen Elfmeter und Anja Mittag durfte ihn schießen. Sie verwandelte sicher. Am Ausgang des Spiels änderte das allerdings wenig. Die gegnerische Mannschaft hatte bereits 10 : 0 geführt, nun stand es 10 : 1.

Anja Mittag jubelt nach dem Schlusspfiff über den Einzug in das Finale der Weltmeisterschaft 2007.

Kinder- und
Jugendfußball

Der Kinder- und Jugendfußball ist in verschiedene Altersklassen eingeteilt. Je nach Alter dauern die Spiele verschieden lang und auch die Größe des Spielfeldes unterscheidet sich.

Die Spielklassen

Wusstest du, dass du als A- und B-Jugendlicher sogar schon in einer Junioren-Bundesliga spielen könntest? Es gibt die Staffeln Nord/Nordost, Süd/Südwest und West. Unterhalb der Bundesliga folgen die weiteren Spielklassen, bei den C-Junioren jedoch keine Bundesliga und in manchen Regionen Deutschlands auch keine Regionalliga; für die F- bis D-Junioren gibt es noch weniger Spielklassen.

Der Fußballnachwuchs des SC Freiburg wurde 2008 erstmals deutscher Meister der A-Junioren.

JUNIOREN: DATEN UND FAKTEN

Altersklassen		Spielzeit
G-Jugend	bis 6 Jahre	2 x 20 Min.
F-Jugend	6–8 Jahre	2 x 20 Min.
E-Jugend	8–10 Jahre	2 x 25 Min.
D-Jugend	10–12 Jahre	2 x 30 Min.
C-Jugend	12–14 Jahre	2 x 35 Min.
B-Jugend	14–16 Jahre	2 x 40 Min.
A-Jugend	16–18 Jahre	2 x 45 Min.

Spielfeldgröße und Spielerzahl

Altersgruppe	Länge x Breite (m)	Zahl der Spieler (mit Torwart)
G-Jugend	35 x 32	bis 6
F-Jugend	40 x 35	bis 7
E-Jugend	55 x 35	bis 7
D-Jugend	70 x 35	7
D-Jugend	Großfeld	bis 11

Deutscher Meister A-Junioren 2008

Freistoß für den Gegner – die Mauer steht schon.

Kleinere Spielfelder

Für G-, F- oder E-Jugendliche sind die Ausmaße des Spielfelds verkleinert. Erst D-Jugendliche können ihre Spiele auf einem Spielfeld normaler Größe austragen. Auf kleineren Spielfeldern sind auch die Mannschaften und die Tore kleiner (siehe Tabelle).

Die Spielzeit

Ab der A-Jugend dauert ein Fußballspiel 90 Minuten. Die Spielzeit für jüngere Altersklassen ist gestaffelt (siehe Tabelle).

Kampf um den Ball – in jedem Alter

SPIELKLASSEN

Spielklassen für Jungen

A- und B-Junioren
Bundesliga (Nord/Nordost, Süd/Südwest und West)
Regionalliga (Nord, Nordost, Südwest)
Niedersachsenliga[1]
Bezirksoberliga
Bezirksliga
Kreisliga
Kreisklassen

C-Junioren
Regionalliga (verschiedene Staffeln)
Bezirksoberliga[1]
Bezirksliga
Kreisliga
Kreisklassen

D- bis F-Junioren
Kreisliga[1]
Kreisklassen

Spielklassen für Mädchen
Bei den Mädchen ist der Aufbau der Ligen etwas einfacher und es gibt keine A-Jugend.

B- bis C-Juniorinnen[1]
Bezirksliga
Kreisliga
Kreisklassen

D- bis F-Juniorinnen
Kreisliga
Kreisklassen

[1] Dargestellt nach dem Landesverband Niedersachsen. In anderen Landesverbänden gibt es abweichende Bezeichnungen.

Immer am Ball bleiben:
So wirst du ein Profi

Du spielst schon in einem Verein und träumst davon, einmal Fußball-Profi zu werden? Möglich ist es. Der Fußballnachwuchs wird heute in Deutschland so früh und so umfassend gefördert wie nie zuvor. Wenn du talentiert bist und fleißig trainierst, wird vielleicht eines Tages deine große Chance kommen ...

Leistungszentren der Vereine

Es gibt verschiedene Wege, auf denen du Profi werden kannst. Voraussetzung ist fast immer die Mitgliedschaft in einem Fußballverein. Spielst du gut und zeigst überdurchschnittliche Begabung, kann es sein, dass man auf dich aufmerksam wird. Alle großen Vereine haben heute Leistungszentren, in denen Nachwuchsspieler gefördert werden. Dort spielen meist die besten Jugendlichen aus den umliegenden kleineren Vereinen. Oft ist auch ein Internat vorhanden, in dem man wohnen kann, wenn das Zuhause zu weit entfernt ist. Und es gibt eine Schule, die mit dem Verein partnerschaftlich zusammenarbeitet. Du wohnst dann im Internat, gehst vormittags zur Schule und wirst nachmittags nach den Hausaufgaben beim Fußballtraining ausgebildet.

DFB-Stützpunkte

Es gibt viele Regionen in Deutschland, die keinen der großen Profivereine in ihrer unmittelbaren Nähe haben. Damit auch dort Fußballtalente schon früh gefördert werden, hat der DFB ein System von 390 Stützpunkten aufgebaut. Hier erfolgt das Training einmal wöchentlich zusätzlich zum normalen Fußball-

Der frühere Profi Uwe Wegmann (links) übt in seiner Fußballschule mit Kindern das Kopfballspiel.

Die großen Vereine haben natürlich auch Scouts, die gezielt nach Talenten Ausschau halten. Die Chance, dass ein Scout zufällig gerade zu einem Spiel deiner Jugendmannschaft kommt, ist jedoch gering. Scouts tauchen meist nur auf, wenn Sie zuvor Hinweise auf hoch talentierte Spieler bekamen. Und sie sind vor allem bei Turnieren und Spielen anwesend, bei denen die besten Spieler einer ganzen Region antreten.

training des Vereins. Dafür können talentierte Fußballer direkt bei den Talentstützpunkten von ihren Trainern oder Eltern gemeldet werden. Darüber hinaus gibt es meist spezielle Sichtungstage und die Trainer achten auch selbst in den Vereinen auf besonders gute Spieler.

Kreis-Auswahlmannschaften

Unabhängig von den Leistungszentren der großen Vereine und den Talent-Stützpunkten gibt es in vielen Regionen Deutschlands Kreis-Auswahlmannschaften. Zu ihren Spielen werden die besten Spieler eines Landkreises eingeladen. Es gibt aber kein regelmäßiges Training. Du kannst aber auch dort auf dein Können aufmerksam machen.

1 **Teilnehmer der Fußballschule des Hamburger SV beim Training**
2 **Jugendspieler beim Training**
3 **C-Jugend-Spieler beim Zweikampf um den Ball**

Entscheidungen in Sekunden: der Schiedsrichter

Das Fußballspiel hat einfache und klare Regeln. Der Schiedsrichter sorgt dafür, dass diese auch eingehalten werden.

Schiedsrichter sorgen für Fairness

Kannst du dir vorstellen, was auf einem Fußballplatz alles passieren würde, wenn es keine Regeln und keinen Schiedsrichter gäbe? Dann könnten die Spieler nach Belieben foulen, ohne dafür je eine Gelbe oder Rote Karte zu sehen. Dribbelt sich ein Stürmer durch, bräuchte ihn ein Verteidiger nur umzutreten, zu schubsen oder wegzuboxen. Und schon könnte er kein Tor mehr schießen. Das hätte mit Fußball nicht mehr viel zu tun. Vielleicht würde ein gefoulter Spieler sogar zurückschlagen. Andere würden sich endlos streiten: Ob der Ball wirklich im Aus war oder hinter der Torlinie und ob der Gegner beim Zuspiel im Abseits stand.

Der Schiedsrichter achtet darauf, dass so etwas auf dem Fußballplatz nicht passiert. Nur dann geht es gerecht zu und das Spiel macht allen Spaß.

80 000 Schiris

In Deutschland gibt es rund 80 000 Schiedsrichter. Sie pfeifen Woche für Woche auf den Fußballplätzen. Nur wenige sind in den großen Bundesligastadien im Einsatz. Die meisten pfeifen Begeg-

Das sogenannte „Schiedsrichtergespann": der Schiedsrichter (Mitte) und seine beiden Assistenten

Eckball

GELD FÜR DEN SCHIRI

Schiedsrichter erhalten Geld für ihre Leistung. Sie bekommen die Fahrtkosten erstattet, die für ihre Anreise entstehen. Dazu gibt es eine Aufwandsentschädigung. Diese beträgt etwa bei Schülerspielen 4 Euro, bei Regionalligaspielen 150 Euro und in der Bundesliga werden pro Spiel 3 068 Euro gezahlt.

nungen der Amateure, die an den Wochenenden auf den Fußballplätzen überall in Deutschland stattfinden.

Traum: Bundesliga

Ein Bundesligaspiel zu pfeifen, das ist für einen Schiedsrichter ebenso ein Traum wie für einen Fußballer, einmal in der Bundesliga zu spielen. Nur wenige Schiedsrichter erreichen dieses Ziel. Und wie bei den Fußballspielern sind es auch bei den Schiedsrichtern nur die besten, die es bis in die Bundesliga schaffen.

Um Schiedsrichter zu werden, muss man mindestens zwölf Jahre alt sein. Die Ausbildung besteht aus einer Schulung, die je nach DFB-Landesverband 20 bis 50 Unterrichtsstunden umfasst. Am Ende stehen eine theoretische Prüfung und ein Fitness-Test. Wer

besteht, wird je nach Alter zunächst in den unteren Spielklassen eingesetzt. Dabei kümmern sich am Anfang erfahrene Schiedsrichter um die Neulinge. Pfeift ein Schiedsrichter gut, wird er schon bald darauf in immer höheren Spielklassen eingesetzt – bis er es vielleicht eines Tages tatsächlich in die Bundesliga geschafft hat.

Das kann viele Jahre dauern. Aber mit jedem Spiel wachsen auch seine Erfahrung

Einwurf

Abseits

Spielerwechsel

Strafstoß

und sein Urteilsvermögen. Über den Aufstieg in eine höhere Spielklasse entscheiden Schiedsrichter-Beobachter.

Gute Nerven sind wichtig

Schiedsrichter haben meist keine Fans. Für Zuschauer und Spieler sind sie oft nur ein notwendiges Übel. Und gibt der Schieds-

richter einen Freistoß, Elfmeter oder eine Gelbe Karte, muss er sich oft von wütenden Zuschauern auspfeifen lassen. Da die Fans bedingungslos zu ihrer Mannschaft halten, ist das nicht selten auch dann der Fall, wenn der Schiedsrichter eine richtige Entscheidung getroffen hat. Aber einem guten Schiedsrichter darf so etwas nichts ausmachen. Er muss gute Nerven haben. Wenn du einmal wütend über einen Schiedsrichter bist, solltest du immer daran denken, dass er seine Entscheidungen oft in Sekundenschnelle treffen muss. Und damit trotzdem meist richtig liegt.

Eine Pfeife und Karten

Um ein Spiel zu leiten, braucht der Schiedsrichter nur wenige Gegenstände. Das Trikot stellt in der Regel der Verein zur Verfügung, dessen Mitglied der Schiedsrichter ist. Dazu benötigt er eine Pfeife sowie eine Gelbe und eine Rote Karte. Außerdem gehören zur Schiedsrichterausstattung: eine Stoppuhr, eine Notizkarte, ein Stift und eine Münze für die Seitenwahl vor Beginn des Spieles.

TIPPS ZUM UMGANG MIT DEM SCHIEDSRICHTER

- Vertraue grundsätzlich darauf, dass der Schiedsrichter richtig entscheidet. Gehe nie davon aus, dass er absichtlich gegen deine Mannschaft pfeift.
- Lege dich nie mit dem Schiedsrichter an. Auch dann nicht, wenn er einen Fehler gemacht hat.
- Versuche, den Ärger über eine Fehlentscheidung möglichst schnell wegzustecken.
- Denke immer daran: Die beste Antwort auf eine solche Benachteiligung ist es, ein Tor zu schießen.

Die Schiedsrichter-Assistenten

Bei Spielen höherer Spielklassen wird der Schiedsrichter von zwei Assistenten unterstützt. Diese laufen während des Spiels an den Seitenlinien auf und ab. Zu ihren Aufgaben gehört insbesondere das Erkennen von Abseitsstellungen. Aber auch bei Fouls oder Handspiel geben sie dem Schiedsrichter durch Heben ihrer Fahne ein Zeichen. Im Profifußball gibt es noch einen vierten Schiedsrichter (vierter Offizieller). Der zeigt vom Spielfeldrand aus die Nachspielzeit an und überwacht die Einwechslungen neuer Spieler. Außerdem achtet er genau darauf, dass Trainer und Betreuer die Coaching-Zone nicht verlassen.

❶ **Der vierte Offizielle zeigt am Spielfeldrand die Nachspielzeit an.**
❷ **Die Assistenten (Linienrichter) beobachten das Spielgeschehen von den Seitenlinien aus.**
❸ **Der Schiedsrichter zeigt David Jarolim vom Hamburger SV die Gelbe Karte.**
❹ **Keine Frage – das ist nicht erlaubt!**

GUTE VERSTÄNDIGUNG PER FUNK

Ein gutes Hilfsmittel für das Schiedsrichtergespann ist das Funksystem. Im Fahnengriff der Assistenten befindet sich ein Sender. Per Knopfdruck können sie – z. B. bei Abseits oder einem Foul – damit ein Signal aktivieren. Der Schiedsrichter trägt einen Empfänger an seinem Arm. Dieser vibriert dann oder löst einen Ton aus und zeigt dem Schiedsrichter so den Hinweis des Assistenten an. Bei der WM 2006 wurde ein anderes Funksystem eingesetzt, bei dem die Schiedsrichter und Assistenten über Kopfhörer und Mikrofone während des Spiels miteinander reden konnten.

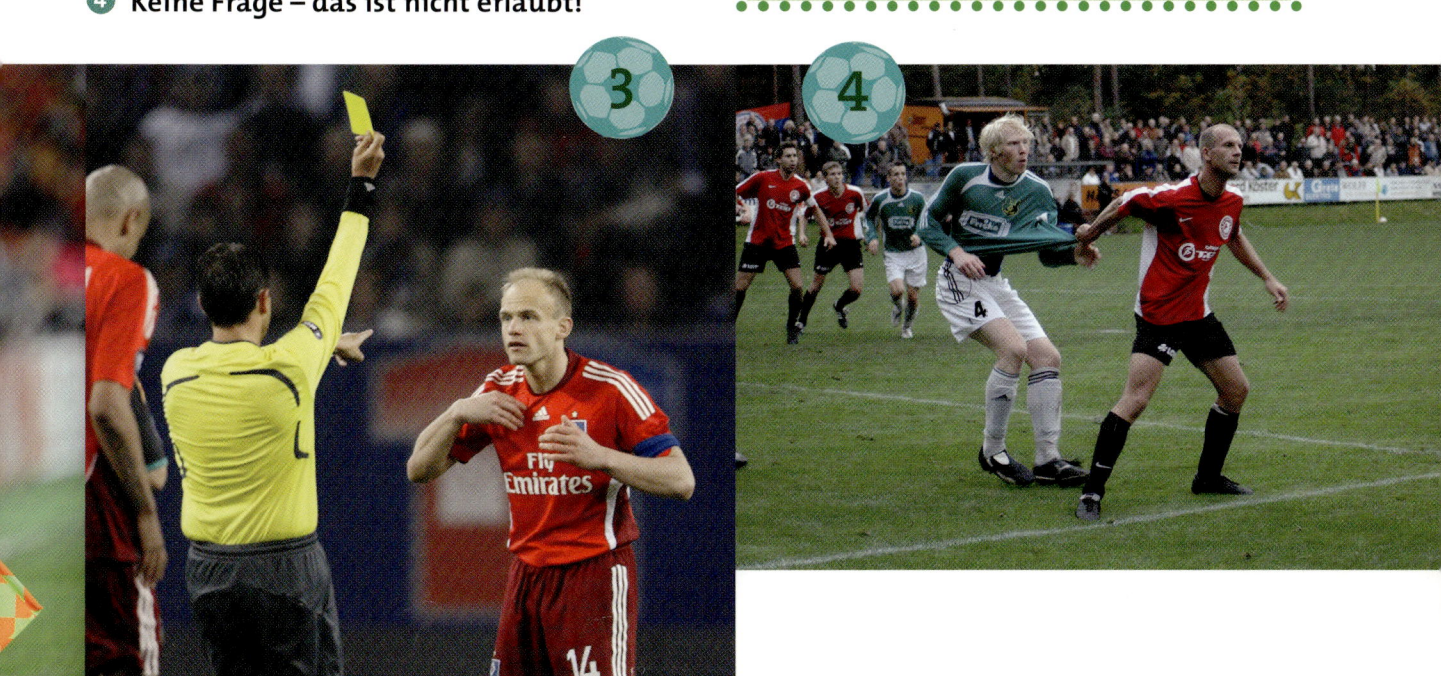

Immer mit dem Herzen dabei: die Fans

Ein Fußballspiel macht Spaß. Besonders viel Spaß macht es, wenn viele Zuschauer dabei sind und die Mannschaften anfeuern. Kommen Zehntausende in einem Stadion zusammen, entsteht eine ganz besondere Atmosphäre. Wenn die Fans mit ihrer Mannschaft mitfiebern, jubeln und Fahnen schwenken, wird aus einem spannenden Fußballspiel ein mitreißendes Erlebnis, das man so schnell nicht wieder vergisst.

Große und kleine Fans

Viele Fußballmannschaften haben Fans. Wenn du in einem Verein spielst, hast du vielleicht auch schon Fans. Stehen deine Eltern und Freunde manchmal am Spielfeldrand und jubeln, wenn deine Mannschaft spielt? Dann sind sie Fans deiner Mannschaft. Besonders viele Anhänger haben natürlich die Mannschaften der großen Bundesligavereine. Bei einem Spiel kommen viele Tausend Fans beider Mannschaften in einem Stadion zusammen, um ihre Vereine anzufeuern.

Leidenschaft verbindet

Doch was ist ein Fan? Das ist nicht einfach zu beantworten. Dabei kommt es nicht darauf an, wie häufig jemand ins Stadion geht. Es gibt treue Fans, die besuchen nur gelegentlich das Fußballstadion – und verfolgen trotzdem immer genau, was mit ihrer Mannschaft passiert.

Andere gehen zu jedem Spiel ihres Teams ins Stadion, fahren dafür auch weite Strecken mit dem Auto oder dem Zug. Manche Fans tragen Jacken, T-Shirts und Schals in den Farben ihre Mannschaft oder bemalen damit ihr Gesicht. Andere Fans gehen völlig unauffällig gekleidet ins Stadion, sodass an ihrem Äußeren niemand erkennen kann, für welche Mannschaft sie schwärmen. Aber alle Fans verbindet die Leidenschaft für ihren Verein. Wenn ihr Team verliert, sind sie zu Tode betrübt, bei einem Sieg grenzenlos begeistert.

Fanklubs

Viele Fans sind Mitglied bei Fanklubs und Faninitiativen. Dort können sie ihre Ideen und Gedanken zu Spielern und Spielen gegenseitig austauschen. Viele Fanklubs organisieren auch Fahrten zu Spielen ihrer Mannschaft, treten – ausgerüstet mit Fahnen – im Stadion gemeinsam auf, veranstalten Stammtische und Ausflüge für die Fans. Darüber hinaus bieten sie aber auch die Möglichkeit, deren Interessen gegenüber dem Verein Geltung zu verschaffen oder Aktionen zu planen.

HOOLIGANS

Während oder nach Fußballspielen kommt es immer wieder zu Gewalttätigkeiten auf den Zuschauerrängen oder auf dem Heimweg. Gewaltbereite Stadionbesucher nennt man Hooligans. Der Begriff leitet sich ab vom Namen der Familie Hooligan, die im 19. Jahrhundert in London lebte. Deren Söhne begannen immer wieder, in der Stadt zu randalieren, wenn sie zu viel Alkohol getrunken hatten. Bis heute bezeichnet ihr Name die Urheber von Ausschreitungen und Zerstörungen.

1 **Nur am Millerntor beim FC St. Pauli möglich: Die Biene Maja jubelt mit.**
2 **Ein junger Bayern-Fan hat sich sein Gesicht mit den Vereinsfarben bemalt.**
3 **Fans von Bayer 04 Leverkusen unterstützen lautstark ihre Mannschaft.**
4 **Enttäuschter Bremer Fan nach dem verlorenen UEFA-Cup-Finale 2009**
5 **Süßes für die Fans: Schoko-Weihnachtsmänner in den Vereinsfarben**

Deutsche Meisterschaft
und DFB-Pokal

Die Bundesliga ist die höchste Spielklasse in Deutschland, in der in jeder Saison der deutsche Meister ermittelt wird. Nach der Meisterschale ist der DFB-Pokal die begehrteste Trophäe im deutschen Fußball.

Die Bundesliga

In der Bundesliga spielen 18 Vereine um die deutsche Meisterschaft. In Hin- und Rückrunde treten alle Mannschaften in 34 Spielen zweimal gegeneinander an. Diejenige, die am Ende der Saison den ersten Tabellenplatz belegt, ist deutscher Meister.

Die anderen Ligen

Die Spielklasse unterhalb der Bundesliga ist die Zweite Bundesliga mit ebenfalls 18 Mannschaften. Die ersten beiden der Ta-

belle steigen am Saisonende in die Bundesliga auf. Gleichzeitig steigen die beiden letztplatzierten Mannschaften der Bundesliga in die Zweite Bundesliga ab. Der Dritte der Zweiten Bundesliga und der Drittletzte der Bundesliga spielen in Hin- und Rückspiel um den letzten freien Platz in der Bundesliga. Unterhalb der Zweiten Bundesliga gibt es zahlreiche weitere Spielklassen, deren Bezeichnungen sich im unteren Bereich je nach Verband unterscheiden können: Dritte Liga, Regionalliga (Nord, West,

❶ Der VfL Wolfsburg ist deutscher Fußballmeister 2009.
❷ Werder Bremen gewinnt das DFB-Pokal-Finale 2009 gegen Bayer 04 Leverkusen mit 1 : 0.
❸ Turbine Potsdam – deutscher Meister 2009 bei den Frauen
❹ Der FCR Duisburg holt den DFB-Pokal 2009 bei den Frauen.

DEUTSCHE MEISTER SEIT 2000	
2008/09	VfL Wolfsburg
2007/08	FC Bayern München
2006/07	VfB Stuttgart
2005/06	FC Bayern München
2004/05	FC Bayern München
2003/04	Werder Bremen
2002/03	FC Bayern München
2001/02	Borussia Dortmund
2000/01	FC Bayern München
1999/00	FC Bayern München

Süd), Oberliga (Regionale Staffeln), Bezirksoberliga, Bezirksliga, Kreisliga, Kreisklassen.

Der DFB-Pokal

Der DFB-Pokal ist der zweitwichtigste Wett-
bewerb des deutschen Fußballs. Neben den
Mannschaften der Ersten und Zweiten
Bundesliga nehmen daran auch Amateur-
Mannschaften teil. Manchmal gelingt es
einer dieser kleineren Mannschaften, eine
Bundesligamannschaft zu besiegen. Es
kommen stets nur die Sieger eine Runde
weiter. Das Endspiel findet in Berlin statt.
Der Gewinner erhält den DFB-Pokal.

DIE MEISTERSCHALE

**Fußballtrainer Felix Magath mit der
Meisterschale**

Die Meisterschale besteht aus Silber
und ist mit Edelsteinen besetzt. Sie
wiegt elf Kilogramm und hat einen
Durchmesser von 59 cm. Auf der
„Salatschüssel" – so wird die Meisterschale von vielen auch bezeichnet –
sind alle deutschen Meister seit 1903
eingraviert.

Fußball in Österreich und der Schweiz

In den höchsten Spielklassen der Schweiz und Österreichs spielen in jeder Saison jeweils zehn Mannschaften um den Titel eines nationalen Meisters.

ERFOLGREICHER TORJÄGER

Torjäger Marc Janko erzielte in der Saison 2008/09 39 Tore und wurde mit Red Bull Salzburg österreichischer Meister.

Marc Janko ist ein durchsetzungsfähiger Stürmer mit starkem Zug zum Tor. Der 1,96 m große Janko spielt für Red Bull Salzburg und stürmt auch in der österreichischen Nationalmannschaft sehr erfolgreich. Vielen Salzburger Fans ist noch immer ein Spiel ihrer Mannschaft gegen den SC Rheindorf Altach in Erinnerung, in dem Janko innerhalb von 24 Minuten nach seiner Einwechslung vier Treffer erzielte.

Die Ligen in Österreich

Als Bundesliga wird auch in Österreich die höchste Spielklasse bezeichnet. Die Spielklasse darunter ist die ADEG Erste Liga – die von vielen Fans schlicht „zweite Liga" genannt wird. In ihr spielen zwölf Mannschaften. Darunter gibt es in Österreich eine dreigleisige Regionalliga mit jeweils 16 Teams.

Die Ligen in der Schweiz

Super League heißt die höchste Fußball-Spielklasse der Schweiz. Wie im benachbarten Österreich spielen in jeder Saison zehn Mannschaften um den Titel des nationalen Meisters. Nach der Super League folgt die Challenge League. Dort treffen 16 Teams aufeinander. Danach kommt die sogenannte Erste Liga, in der die regionalen Spitzenmannschaften spielen. Es gibt drei Gruppen mit jeweils 16 Mannschaften.

Zweikampf zwischen Christopher Drazan (links, SK Rapid Wien) und Thomas Krammer (FK Austria Wien). Die beiden Wiener Traditionsmannschaften gehören zu den erfolgreichsten in Österreich.

Der FC Zürich wird Schweizer Meister der Saison 2008/09.

ÖSTERREICHISCHE MEISTER

2008/09	Red Bull Salzburg
2007/08	SK Rapid Wien
2006/07	Red Bull Salzburg
2005/06	FK Austria Magna
2004/05	SK Rapid Wien
2003/04	Liebherr GAK
2002/03	FK Austria Memphis Magna
2001/02	FC Tirol Innsbruck
2000/01	FC Tirol Milch Innsbruck
1999/00	FC Tirol Milch Innsbruck
1998/99	SK Puntigamer Sturm Graz
1997/98	SK Puntigamer Sturm Graz
1996/97	SV Casino Salzburg
1995/96	SK Rapid Wien
1994/95	SV Casino Salzburg
1993/94	SV Casino Salzburg

SCHWEIZER MEISTER

2008/09	FC Zürich
2007/08	FC Basel
2006/07	FC Zürich
2005/06	FC Zürich
2004/05	FC Basel
2003/04	FC Basel
2002/03	Grasshopper-Club Zürich
2001/02	FC Basel
2000/01	Grasshopper-Club Zürich
1999/00	FC St. Gallen
1998/99	Servette Genf
1997/98	Grasshopper-Club Zürich
1996/97	FC Sion
1995/96	Grasshopper-Club Zürich
1994/95	Grasshopper-Club Zürich
1993/94	Servette Genf

Nur für Champions:
internationale Wettbewerbe

Die internationalen Wettbewerbe des Fußballs sind echte Highlights. Die Nationalmannschaften kämpfen um die Europameisterschaft und die Weltmeisterschaft. Die besten Vereinsmannschaften Europas treffen in der Champions League und in der Europa League (früher UEFA-Pokal) aufeinander.

Champions League

In der Champions League ermitteln jedes Jahr europäische Vereinsmannschaften das beste Team. An dem Wettbewerb nehmen 32 Vereine teil. In Deutschland sind der Meister

und Vizemeister der Bundesliga für die Teilnahme an der Champions League qualifiziert. Auch die drittplatzierte Mannschaft kann teilnehmen, muss sich dazu aber in einer Qualifikationsrunde durchsetzen.

Europa League

Die Europa League (bis 2009 UEFA-Pokal) ist der andere internationale Vereinswettbewerb in Europa. In einer ersten Runde spielen 48 Mannschaften in zwölf Gruppen in Hin- und Rückspielen gegeneinander.

Kaum zu glauben

Der Spieler Liam Daish wurde 1994 in Großbritannien für die Dauer von drei Spielen gesperrt. Der Grund dafür: Er hatte sich zu ausgiebig über ein Tor gefreut – und mit einer Trompete gefeiert, die er von der Tribüne holte.

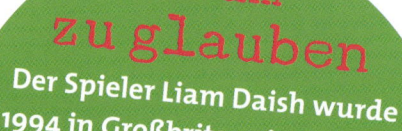

CHAMPIONS-LEAGUE-SIEGER

2009 FC Barcelona
2008 Manchester United
2007 AC Mailand
2006 FC Barcelona
2005 FC Liverpool
2004 FC Porto
2003 AC Mailand
2002 Real Madrid
2001 Bayern München
2000 Real Madrid

UEFA-CUP-SIEGER

2009 Schachtjor Donezk
2008 Zenit St. Petersburg
2007 FC Sevilla
2006 FC Sevilla
2005 ZSKA Moskau
2004 FC Valencia
2003 FC Porto
2002 Feyenoord Rotterdam
2001 FC Liverpool
2000 Galatasaray Istanbul

Um an dieser Gruppenphase teilzunehmen, müssen sich die Mannschaften zuvor in einem Qualifikationsmarathon über vier Runden durchsetzen. Daran nehmen auch der Tabellenvierte- und -fünfte aus der Bundesliga sowie der Gewinner des DFB-Pokals teil. Nach der Gruppenphase spielen die 32 besten Teams in K.-o.-Runden die Finalteilnehmer aus.

❶ Der FCR Duisburg wird 2009 UEFA-Cup-Sieger bei den Frauen.
❷ Thierry Henry vom FC Barcelona mit dem Cup der Champions League
❸ Schachtjor Donezk holt 2009 den UEFA-Cup.
❹ Der FC Barcelona gewinnt das Champions-League-Finale 2009 gegen Manchester United mit 2:0.

Europameisterschaften

Bei der Fußballeuropameisterschaft spielen die besten Nationalmannschaften Europas gegeneinander. Sie findet alle vier Jahre statt und ist eines der wichtigsten Fußballereignisse.

Die erste Europameisterschaft

Bei der Europameisterschaft wird – wie bei der Weltmeisterschaft – der Sieger in einer Endrunde ermittelt. Für die Teilnahme an dieser Endrunde müssen sich die Mannschaften zuvor qualifizieren. Die erste Europameisterschaft fand 1960 statt.

Die EURO 2008

2008 fand die Endrunde der Europameisterschaft in Österreich und der Schweiz statt. Deutschland unterlag Spanien im Endspiel mit 0:1. An der Endrunde nahmen 16 Mannschaften teil. In der Qualifikation hatten zuvor 50 Mannschaften um den Einzug in die Endrunde gekämpft. Die Gastgeberländer Schweiz und Österreich waren automatisch qualifiziert.

DIE EUROPAMEISTER

2008	Spanien
2004	Griechenland
2000	Frankreich
1996	Deutschland
1992	Dänemark
1988	Niederlande
1984	Frankreich
1980	Deutschland
1976	Tschechoslowakei
1972	Deutschland
1968	Italien
1964	Spanien
1960	Sowjetunion

Der Pokal

Trophäe der Fußball-Europameisterschaft ist der neue Henri-Delaunay-Pokal, der bei der EURO 2008 in Österreich und der Schweiz erstmals an Europameister Spanien überreicht wurde. Die Trophäe besteht aus Silber, ist acht Kilogramm schwer und 60 Zentimeter hoch.

Die Europameisterschaft 2012

Die nächste Europameisterschaft findet 2012 in Polen und der Ukraine statt. Das Eröffnungspiel wird am 9. Juni in der polnischen Hauptstadt Warschau stattfinden, das Endspiel am 1. Juli 2012 in Kiew ausgetragen.

❶ **Die deutsche Frauennationalmannschaft errang 2009 ihren siebten Europameistertitel.**
❷ **Durch einen 1:0-Sieg über Deutschland wird Spanien 2008 Europameister.**
❸ **Die deutsche Elf vor dem Finale bei der Europameisterschaft 2008 in Wien**

DER BUNDESTRAINER

Bundestrainer der deutschen Fußball-Nationalmannschaft ist Joachim Löw. Er hat als Spieler 52 Spiele in der ersten sowie 252 Spiele in der Zweiten Bundesliga absolviert und dabei 88 Tore geschossen. Er spielte unter anderem für den SC Freiburg und den Karlsruher SC. Löw trainierte den VfB Stuttgart und den Karlsruher SC, bevor er bei der WM 2006 die deutsche Nationalmannschaft als Assistent von Jürgen Klinsmann betreute. Anschließend übernahm Joachim Löw das Amt des Bundestrainers.

3

Weltmeisterschaften

Die Fußballweltmeisterschaft wird seit 1930 ausgetragen. Sie findet alle vier Jahre statt – und stellt für jeden Fußballfan den absoluten Höhepunkt dar. Für Mannschaften und Spieler ist der Gewinn des Titels der größte Erfolg, den sie im Fußball erreichen können.

Qualifikations- marathon

Um bei einer Weltmeisterschaft dabei zu sein,

müssen sich die Mannschaften qualifizieren. 200 Nationalmannschaften konkurrieren weltweit um die Endrundenteilnahme. Die Teams spielen die Qualifikation in Gruppen aus, die nach Kontinenten eingeteilt sind. Der Modus ist dabei von Kontinent zu Kontinent unterschiedlich. So spielen in der südamerikanischen Zone alle zehn Mannschaften in einer Gruppe. Die besten vier Teams sind direkt für die Endrunde qualifiziert. In Europa gibt es neun

Erfolg- reicher Spürhund

Als 1966 vor der WM in England der Pokal Coupe Jules Rimet bei einer Ausstellung in London gestohlen wurde, spürte ihn ein Hund namens Pickles nach acht Tagen wieder auf und buddelte ihn aus der Erde. Im Tausch gegen einen Knochen gab er den Pokal auch freiwillig heraus. Pickles gilt heute als englischer National- held.

DIE BISHERIGEN WELTMEISTER

2006	Italien
2002	Brasilien
1998	Frankreich
1994	Brasilien
1990	Deutschland
1986	Argentinien
1982	Italien
1978	Argentinien
1974	Deutschland
1970	Brasilien
1966	England
1962	Brasilien
1958	Brasilien
1954	Deutschland
1950	Uruguay
1938	Italien
1934	Italien
1930	Uruguay

Erinnerung an ein Sommermärchen: die deutsche Elf bei der Weltmeisterschaft 2006 vor dem Halbfinale gegen Italien

Gruppen, wobei sich jeweils der Gruppensieger direkt qualifiziert. Auch die deutsche Nationalmannschaft muss sich wie jedes andere Team die Teilnahme erst erkämpfen. Nur das Gastgeberland ist gesetzt.

DER POKAL FÜR DEN WELTMEISTER

Der erste WM-Pokal war der Coupe Jules Rimet. Als Brasilien ihn 1970 zum dritten Mal gewann, durften die Südamerikaner die Trophäe endgültig behalten. Allerdings wurde sie 1983 in Brasilien gestohlen und ist seither verschwunden. 1974 war Deutschland der erste Weltmeister, der den neuen Pokal, den FIFA World Cup, entgegennehmen durfte. Er ist 36 Zentimeter hoch, aus Gold und wiegt rund fünf Kilogramm.

❶ Durch einen Sieg über Frankreich nach Elfmeterschießen holt Italien 2006 den Weltmeistertitel.
❷ Bei der Weltmeisterschaft der Frauen in China 2007 besiegte Deutschlands Team Brasilien mit 2:0 und wurde Weltmeister.
❸ Das offizielle Logo der Weltmeisterschaft 2010 in Südafrika

Schnelle Tore und teure Spieler: Zahlen rund um den Fußball

Der teuerste Spielereinkauf, der höchste Sieg und das schnellste Tor: In der Welt des Fußballs gibt es viele Rekorde. Hier einige verblüffende und interessante Bestleistungen.

Das schnellste Tor

Das schnellste Tor in der Fußballgeschichte schoss Marc Burrow 2004 in einem Spiel zwischen Cowes Sports Reserves und Eastleigh Reserves in Großbritannien. Der Treffer

Cristiano Ronaldo

in diesem Non-League-Match fiel 2,5 Sekunden nach dem Anpfiff. Im deutschen Profifußball schoss Benjamin Siegert vom SV Wehen Wiesbaden das schnellste Tor. Es fiel nach acht Sekunden.

Der teuerste Spieler

Der teuerste Spieler war bisher Cristiano Ronaldo. Für seinen Wechsel von Manchester United zu Madrid bezahlte Real eine Transfersumme von 94 Millionen Euro.

Die höchste Niederlage

Amerikanisch-Samoa, ein US-amerikanisches Territorium im Pazifik mit eigener Fußball-Nationalmannschaft, hält bislang den Rekord für die höchste Niederlage in der Geschichte des internationalen Fußballs. In einem WM-Qualifikationsspiel verlor das Team 2001 gegen Australien mit 0:31.

Der beste Spieler

Als vielleicht bester Fußballspieler der Welt gilt der Brasilianer Edson Arantes do Nascimento. Pelé – so der Name, unter dem er als Spieler bekannt wurde – erzielte in 1363 Spielen die beinahe unglaubliche Anzahl von 1281 Toren. Er nahm an vier Weltmeisterschaften teil und wurde mit der Selecao,

Weltfußballer des Jahrhunderts, Edson Arantes do Nascimento, genannt Pelé

Erfolgreicher Torschütze: Torhüter Rogério Ceni

der brasilianischen Nationalmannschaft, dreimal Weltmeister (1958, 1962 und 1970).

Die längste Halbzeit

Die längste Halbzeit in einem Fußballspiel gab es im Juli 2000 bei einem Freundschaftsspiel zwischen der Mannschaft von Liverpool und der thailändischen Nationalelf. Der Schiedsrichter beendete die Halbzeit erst nach 60 Minuten.

Die meisten Roten Karten

Die meisten Roten Karten wurden am 1. Juni 1992 in Paraguay in einem Spiel zwischen Sportivo Ameliano und General Caballero gezeigt. Der Schiedsrichter verwies 20 Spieler des Feldes. Anschließend wurde die Begegnung abgebrochen.

Torhüter als Torjäger

Auch Torhüter können Tore schießen. Der Torhüter mit den meisten Toren ist Rogério Ceni vom FC São Paulo, der 68 Treffer erzielte. Sein Erfolgsrezept: Er trainierte immer wieder das Schießen von Freistößen

und bewies darin solches Können, dass er viele Freistöße für seine Mannschaft verwandelte. Zusätzlich wurde er als Elfmeterschütze eingesetzt.

Deutscher Top-Stürmer

Der Spieler mit den meisten Toren in der deutschen Nationalelf ist Gerd Müller. Er erzielte 68 Tore in 62 Länderspielen. In 427 Erstliga-Spielen traf Gerd Müller 365 Mal ins Tor.

Torjäger Gerd Müller (rechts)

Register

Bildnachweis

pa•picture alliance

S. 7: picture-alliance/dpa, S. 12: picture-alliance/Norbert Schmidt, S. 13 (u): picture-alliance/dpa, S. 14: picture-alliance/Defodi, S. 26: picture-alliance/dpa, S. 27 (u): picture-alliance/dpa, S. 30: picture-alliance/Pressefoto Ulmer, S. 32: picture-alliance/dpa, S. 39 (o): picture-alliance/Pressefoto Ulmer, S. 39 (ul): picture-alliance/dpa, S. 39 (ur): picture-alliance/Sven Simon, S. 40 (ul): picture-alliance/Pressefoto Ulmer, S. 40 (uM): picture-alliance/ASA, S. 40 (ur): picture-alliance/augenklick, S, 41: picture-alliance/Pressefoto Ulmer, S. 42 (ul): picture-alliance/Pressefoto Ulmer/Lukas Coch, S. 42 (ur): picture-alliance/dpa, S. 43 (ul): picture-alliance/Pressefoto Ulmer/Björn Hake, S. 43 (ur): picture-alliance/Sven Simon, S. 45 (r): picture-alliance/Pressefoto Ulmer/Björn Hake, S. 46: picture-alliance/dpa, S. 47: picture-alliance/dpa, S. 48: picture-alliance/dpa, S. 50: picture-alliance/Pressefoto Ulmer, S. 51: picture-alliance/Pressefoto Ulmer, S. 52 (ul): picture-alliance/dpa, S. 52 (ur): picture-alliance/dpa, S. 53 (o): picture-alliance/dpa, S. 53 (u): picture-alliance/dpa, S. 54 (ul): picture-alliance/dpa, S. 54 (ur): picture-alliance/dpa, S. 54/55 (M): picture-alliance/dpa, S. 55 (o): picture-alliance/dpa, S. 55 (u): picture-alliance/Pressefoto Ulmer, S. 56 (lo): picture-alliance/Defodi, S. 56 (u): picture-alliance/ MIS-Sportpressefoto, S. 56 (ru): picture-alliance/ Pressefoto Ulmer, S. 57 (ul): picture-alliance/dpa, S. 57 (ur): picture-alliance/dpa, S. 58 (ul): picture-alliance/dpa, S. 58 (ur): picture-alliance/Pressefoto Ulmer, S. 59 (ro): picture-alliance/dpa, S. 59 (M): picture-alliance/dpa, S. 59 (rM): picture-alliance/Sven Simon, S. 59 (ru): picture-alliance/dpa, S. 60: picture-alliance/HB Verlag, S. 61 (o): picture-alliance/dpa, S. 61 (M): picture-alliance/Norbert Schmidt, S. 61 (u): picture-alliance/dpa, S. 62: picture-alliance/Sven Simon, S. 63 (Klinsmann): picture-alliance/Defodi, S. 63 (Klopp): picture-alliance/Defodi, S. 63 (Babbel): picture-alliance/Defodi, S. 64: picture-alliance/dpa, S. 65 (o): picture-alliance/Pressefoto Ulmer, S. 65 (u): picture-alliance/Pressefoto Ulmer/Björn Hake, S. 66: picture-alliance/Pressefoto Ulmer/Markus Ulmer, S. 67 (ol): picture-alliance/dpa, S. 67 (or): picture-alliance/Pressefoto Ulmer, S. 67 (Mr): picture-alliance/dpa, S. 68: picture-alliance/dpa, S. 69 (ol): picture-alliance/dpa, S. 69 (or): picture-alliance/dpa, S. 69 (ur): picture-alliance/dpa, S. 70: picture-alliance/dpa, S. 71 (ol): picture-alliance/dpa, S. 71 (ul): picture-alliance/ASA, S. 72: picture-alliance/dpa, S. 73 (o): picture-alliance/dpa, S. 73 (M): picture-alliance/dpa, S. 73 (u): picture-alliance/dpa, S. 74: picture-alliance/Pressefoto Ulmer/Robert Michael, S. 76 (ul): picture-alliance/Pressefoto Ulmer/Markus Ulmer, S. 76 (ur): picture-alliance/Pressefoto Ulmer/Robert Michael, S. 77 (o): picture-alliance/dpa, S. 77 (ul): picture-alliance/Sven Simon, S. 78 (M): picture-alliance/dpa, S. 78 (ur): picture-alliance/Sven Simon, S. 79 (ul): picture-alliance/Sven Simon, S. 79 (ur): picture-alliance/dpa, S. 80: picture-alliance/Defodi, S. 81 (or): picture-alliance/Defodi, S. 81 (Ml): picture-alliance/Defodi, S. 81 (ur): picture-alliance/dpa, S. 81 (ul): picture-alliance/dpa, S. 82 (Ml): picture-alliance/Pressefoto Ulmer, S. 82/83 (u): picture-alliance/dpa, S. 83 (ol): picture-alliance/dpa, S. 84: picture-alliance/Norbert Schmidt, S. 85 (ul): picture-alliance/ Pressefoto Ulmer, S. 85 (uM): picture-alliance/Pressefoto Ulmer, S. 85 (ur): picture-alliance/Pressefoto Ulmer, S. 86 (Mr): picture-alliance/dpa, S. 86/87 (u): picture-alliance/Sven Simon, S. 87 (o): picture-alliance/Sven Simon, S. 87 (ur): picture-alliance/Sven Simon, S. 88: picture-alliance/Sven Simon, S. 89: (ol): picture-alliance/Pressefoto Ulmer, S. 89 (or): picture-alliance/Sven Simon, S. 89 (ul): picture-alliance/Pressefoto Ulmer, S. 89 (ur): picture-alliance/dpa, S. 90: picture-alliance/empics, S. 91 (ol): picture-alliance/dpa, S. 91 (or): picture-alliance/dpa, S. 91 (ur): picture-alliance/Sven Simon

Alle anderen Fotos: Frank Littek.

Christian Bieniek

Das Kickerteam
Gute Freunde und ein Elfmeter

Mannschaftskapitän Markus steht vor einer schweren Entscheidung. Sven ist Torwart im Kickerteam und sein bester Freund. Seit langem futtert Sven aber immer mehr Schoko-Riegel und kann keinen Ball mehr halten. Soll Markus ihn aus der Fußballmannschaft werfen? Oder soll er der Freundschaft wegen die Zukunft des Teams gefährden? Eine spannende Geschichte über Fußball und Freundschaft.

104 Seiten. Gebunden.
ISBN 978-3-401-09473-1
www.arena-verlag.de

Andreas Schlüter

Level 4 kids
Apollo 11 im Kickerfieber

Herr Dickmann kann es einfach nicht fassen: Gerade will er sich mit seinen Freunden zur offiziellen Gründung des Computerclubs „Level 4 – Kids" treffen – da wird er von seinen Klassenkameraden auf den Fußballplatz entführt! Denn die Jungs der Mannschaft „Apollo 11" haben plötzlich keinen Torwart mehr. Und es gibt nur noch einen, der für diesen Job in Frage kommt: ausgerechnet der mehr als unsportliche Herr Dickmann ...

Arena

104 Seiten. Gebunden.
ISBN 978-3-401-08987-4
www.level4kids.de